Walter Eckel

Deutschkurs für Ausländer
Anleitungsbuch

Walter Eckel

Deutschkurs für Ausländer
auf muttersprachlicher Basis

Der Unterrichtende muss nicht die Heimatsprache seiner Schüler kennen

Wichtigste Zielgruppe:
Fremdsprachige Schulkinder in deutschen Schulklassen

Anleitungsbuch

Bibliografische Information der deutschen Bibliothek:

Die Deutsche Bibliothek verzeichnet diese Publikation in der Deutschen Nationalbibliographie; detaillierte bibliographische Daten sind im Internet unter *http://dnb.ddb.de* abrufbar

Copyright 2015 Walter Eckel

Herstellung und Verlag: Books on Demand GmbH, Norderstedt

ISBN 978-3-7347-6088-4

Inhalt

1. Muttersprachlicher Unterricht und konventioneller Sprachunterricht — 11

2. Die Entstehung dieses Deutschkurses — 13

   a. Russisch sprechende Kinder — 13

   b. Bosnische Flüchtlinge — 15

   c. Ein gehörloser Tscheche — 15

   d. Zusammenfassung — 16

3. Zielgruppen für diesen Deutschkurs — 16

4. Die Arbeit mit der „Hamburger Bildserie zur Sprachförderung" — 17

5. Allgemeine Ratschläge für den Deutschunterricht mit diesem Kurs — 18

6. Spezielle Tipps für die Arbeit mit den einzelnen Arbeitsheften. — 23

   Arbeitsheft 1 — 23

      a. Das Überwinden der Befangenheit (Arbeitsblätter 1 bis 5) — 23

      b. Arbeitsblätter 6 bis 8 und 11 bis 12 — 25

      c. Arbeitsblatt 10 — 26

      d. Arbeitsblätter 13 bis 16 und 17 bis 19 — 26

      e. Arbeitsblätter 20 bis 28 — 26

      f. Arbeitsblätter 29 bis 31 — 28

      g. Arbeitsblätter 32 bis 37 — 28

      h. Arbeitsblätter 38 bis 44 — 29

      i. Farbige Drucke zur Erprobung — 30

Arbeitsheft 2 … 32
   a. Arbeitsblätter 41 bis 47 … 32
   b. Arbeitsblätter 48 bis 50 … 32
   c. Arbeitsblätter 51 bis 57 … 33
   d. Arbeitsblätter 58 bis 61 … 33
   e. Arbeitsblätter 62 bis 65 … 34
   f. Arbeitsblätter 66 bis 67 … 34
   g. Arbeitsblätter 68-69 … 34
   h. Arbeitsblätter 70 bis 73 … 35
   i. Arbeitsblätter 74 bis 77 … 35
   j. Arbeitsblätter 78 bis 88 … 36
   k. Farbbilder für Arbeitsheft 2 … 36

Arbeitsheft 3 … 37
   a. Arbeitsblätter 89 bis 91 … 37
   b. Arbeitsblätter 92 bis 96 … 37
   c. Arbeitsblätter 97 bis 104 … 41
   d. Arbeitsblätter 105 bis 106 … 41
   e. Arbeitsblätter 107 bis 109 … 43
   f. Arbeitsblätter 110 bis 113 … 44
   g. Arbeitsblätter 114 bis 115 … 45
   h. Arbeitsblätter 116 bis 120 … 45
   i. Arbeitsblätter 121 bis 123 … 46
   j. Arbeitsblätter 124 bis 127 … 47

k. Arbeitsblätter 128 bis 131   47

l. Arbeitsblätter 132 bis 133   48

m. Farbbilder für Arbeitsheft 3   48

Arbeitsheft 4   49

a. Arbeitsblätter 134 bis 143   49

b. Arbeitsblätter 144 bis 149   50

c. Arbeitsblätter 150 bis 151   51

d. Arbeitsblätter 152 bis 162 und 165   51

e. Arbeitsblätter 163 bis 164 und 166 bis 169   53

f. Arbeitsblätter 170 bis 171   54

g. Arbeitsblätter 172 bis 175   54

h. Arbeitsblätter 176 bis 177   55

i. Probleme der Aufnahme in die Klassen   56

j. Farbbilder für Arbeitsheft 4   57

Arbeitsheft 5   57

a. Arbeitsblätter 178 bis 181:   57

b. Arbeitsblätter 182 und 183   58

c. Arbeitsblätter 184 bis 186   59

d. Arbeitsblätter 187 bis 191   60

e. Arbeitsblätter 192 bis 196   61

f. Arbeitsblätter 197 bis 200   62

g. Arbeitsblatt 201   63

h. Arbeitsblätter 202 bis 206   64

i. Arbeitsblätter 207 bis 212	65
j. Arbeitsblätter 213 bis 220	66
k. Arbeitsblätter 219 une 220	67
l. Farbbilder für Arbeitsheft 5	68

Arbeitsheft 6 — 68

a. Arbeitsblätter 221 bis 227	68
b. Arbeitsblätter 228 und 229	69
c. Arbeitsblätter 230 bis 233	69
d. Arbeitsblätter 234 und 235	70
e. Arbeitsblätter 236 bis 240	70
f. Arbeitsblätter 241 bis 246	71
g. Arbeitsblätter 247 bis 251	73
h. Arbeitsblätter 252 und 253	73
i. Arbeitsblätter 254 bis 257	74
j. Arbeitsblätter 258 bis 262	75
k. Arbeitsblätter 263 und 264	75
l. Farbbilder für Arbeitsheft 6	75

Arbeitsheft 7 — 76

a. Arbeitsblätter 265 und 266	76
b. Arbeitsblätter 267 und 268	77
c. Arbeitsblätter 269 bis 272	77
d. Arbeitsblätter 273 bis 277	78
e. Arbeitsblätter 278 bis 281	78

f. Arbeitsblätter 282 bis 183   79

g. Arbeitsblätter 284 bis 288   80

h. Arbeitsblätter 289 bis 292   80

i. Arbeitsblätter 293 bis 294   80

j. Arbeitsblätter 295 bis 298   81

k. Arbeitsblätter 295 bis 303   81

l. Arbeitsblätter 304 bis 307   82

m. Farbbilder für Arbeitsheft 7   83

Arbeitsheft 8   83

a. Arbeitsblätter 308 bis 312   83

b. Arbeitsblätter 313 bis 316   84

c. Arbeitsblätter 317 bis 321   85

d. Arbeitsblätter 322 bis 325   85

e. Arbeitsblätter 326 bis 330   86

f. Arbeitsblätter 331 bis 334   86

g. Arbeitsblätter 335 bis 339   87

h. Arbeitsblätter 340 bis 343   87

i. Arbeitsblätter 344 bis 348   88

j. Arbeitsblätter 349 bis 350   88

k. Arbeitsblätter 351 bis 352   88

l. Farbbilder für Arbeitsheft 8   89

Die Weiterführung des Deutschkurses   89

1. Muttersprachlicher Unterricht und konventioneller Sprachunterricht

Beim normalen Schulunterricht in einer Fremdsprache wird meist übersetzt, z.b. von Deutsch ins Englische oder umgekehrt; im weiteren Unterricht werden meist englische Texte ins Deutsche übersetzt.

Spezielle Schwierigkeiten beim Übersetzen werden in deutscher Sprache erklärt, z.b. die Wandlung eines Eigenschaftswortes in ein Adverb (quick, quickly), die ja in der deutschen Sprache nicht erkennbar ist.

Das Gleiche gilt für die im Englischen typische Verlaufsform (to go, I am going), die in dieser Art im Deutschen nicht üblich ist. Alles ist erklärbar, neue englische Vokabeln müssen zu Hause gelernt werden, Ihre Bedeutung ist durch die deutsche Übersetzung geklärt.

Ganz anders ist es beim muttersprachlichen Unterricht. Wenn der Kursleiter die fremde Sprache seiner Schüler nicht kennt, ist eine Übersetzung wie oben geschildert nicht gegeben.

Dennoch ist auch in diesem Fall ein Unterricht möglich. Wenn ein Kleinkind seine Muttersprache lernt, gibt es ja auch keine Übersetzungsmöglichkeiten. Doch anhand von Gegenständen, die gezeigt werden, lernt das Kleinkind die Namen der Dinge und der Personen, und in alltäglichen Situationen lernt das Kind die Namen von Tätigkeiten und Eigenschaften.

Im muttersprachlichen Unterricht für fremdsprachige Schüler müssen Bilder oder Bilderreihen das Lernen des Kleinkindes in alltäglichen Situationen ersetzen. Wie das geschehen kann, soll anhand der Bilder- und Texte auf den Seiten 38 bis 40 erklärt werden. (Siehe Titelbild von Arbeitsheft 1)

Bei den Bildern von Gegenständen ist das Verstehen der Bedeutung leicht. Die meisten Bilder sprechen für sich. Bei manchen Darstellungen, wie z.B. bei den Bildern von Bekleidungen, kann der Kursleiter anhand von mitgebrachten Textilien zeigen, dass trotz unterschiedlicher Formen und Farben oft nur ein einziges Bild und nur ein Wort zuständig sind.

Doch auf S. 38 werden Tätigkeiten dargestellt. Diese müssten zur Klarstellung ihrer Bedeutung vom Kursleiter und den Kindern gespielt werden.

Doch im Gegensatz zum Kleinkind, das zum Verstehen von Tätigkeitswörtern viele derartige Situationen erleben muss, genügt bei fremdsprachigen Schülern eine einmalige Demonstration der Bedeutung im Spiel.

Der Schüler kennt ja die dargestellten Tätigkeitswörter in seiner eigenen Muttersprache, und so erfolgt bei ihm eine Art stille Übersetzung in seinem Kopf, die nicht ausgesprochen werden muss.

Da die deutschen Namen der Personen auf S.38 schon gelernt wurden, können von den Schülern schnell einfache Sätze gebildet werden: „Der Junge und das Mädchen spielen. Das Mädchen malt."

Schwieriger wird es auf dem Bogen 39: Pfeile zeigen auf verschiedene Gegenstände, die in kompliziertere Sätze eingebaut werden sollen: „Der Junge spielt mit dem Auto. Das Mädchen spielt mit der Puppe."

Die Artikel und das Wort „mit" sind in der Textvorlage auf Bogen 40 schon vorgegeben. Das Wort „mit" kann im muttersprachlichen Unterricht nicht erklärt werden. Doch durch die Wiederholung dieses Wortes in 5 von 6 der schriftlichen Aufgaben wird dargestellt, dass „Auto, Puppe, Kreide, Schere, Bausteine und Füller" eine Art Werkzeug darstellen, durch das man „spielen, malen, schneiden, bauen und schreiben" kann.

Das Kleinkind braucht viele entsprechend erlebte Situationen, bis es das Wort „mit" intuitiv versteht und später auch selbst anwenden kann. Doch der fremdsprachige Schüler kennt die auf den Bildern dargestellten Situationen, und für das Wort „mit" gibt es in seiner Muttersprache irgendeine Entsprechung, und so wird er das Wort „mit" in seinen Gedanken still übersetzen.

Es kann zunächst auch nicht erklärt werden, warum die Artikel „der, die, das" durch das Wort „mit" umgewandelt werden: „mit dem Auto, mit der Puppe". Deshalb werden im Text auch alle Artikel vorgegeben. Erst in späterer Zeit wird die Änderung der Artikel in den vier Fällen eingeübt.

Dennoch kann durch das mündliche Einüben und Sprechen der Sätze und durch das spätere Schreiben der erste Anfang eines Sprachgefühls entstehen, sodass später das Wort „mit" automatisch mit einem Artikel im Dativ (3. Fall) verbunden wird.

Ein Kleinkind lernt seine Muttersprache durch stete Wiederholungen und spätere Nachahmung. Der Gehörlosenlehrer muss bei tauben Kindern diese natürliche Spracherwerbung künstlich nachahmen, eine sehr mühsame und langwierige Arbeit.

Doch der fremdsprachige Schüler weiß schon alle Sprachformen. Durch Lehrer, die seine Sprache kennen, kann er die deutsche Sprache relativ einfach lernen. Doch diese Lehrer, die Arabisch und viele andere Fremdsprachen gut beherrschen, gibt es viel zu wenig.

Und wenn ein anderer Lehrer dennoch so einen Sprachkurs leiten will, besteht die große Gefahr, dass die Schüler seine Worte nicht richtig verstehen können und irgendwann frustriert aufgeben.

Dagegen kann der muttersprachliche Unterricht von allen Personen erteilt werden, die pädagogisch interessiert und hilfsbereit sind, seien es Lehrer oder ehrenamtliche Kursleiter. Und es muss dabei keine großen Probleme geben, da anhand der Bilder auch eine Übersetzung möglich ist, nur still und unausgesprochen im Kopf des Schülers.

So ist zu hoffen, dass durch diesen muttersprachlichen Kurs endlich genug Lehrkräfte zur Verfügung stehen, um das stille Leiden fremdsprachiger Schüler in deutschen Schulklassen zu beenden. Und natürlich können auch erwachsene Ausländer durch diesen Kurs Deutsch lernen.

2. Die Entstehung dieses Deutschkurses

Dieser Deutschkurs für Ausländer ist nicht am Schreibtisch entstanden, sondern er wurde in jahrelanger praktischer Arbeit an mehreren Gruppen erprobt.

a. Russisch sprechende Kinder

Im Jahr 1988 wurde den Nachfahren der Wolgadeutschen, die Im Krieg nach Kasachstan umgesiedelt worden waren, die Einreise nach Deutschland erlaubt. In Hamburg kamen die Aussiedler zuerst in ein Auffanglager, ihre schulpflichtigen Kinder wurden in einer benachbarten Schule aufgenommen.

Die älteren Aussiedler kannten die deutsche Sprache noch, nicht aber ihre Kinder, die nur Russisch sprachen. Da die Kinder nichts vom Unterricht verstanden, weinten sie und waren sehr unglücklich.

Um deren Not zu lindern, bildete sich an dieser Schule eine Fraueninitiative, die die ungefähr 20 frustrierten Kinder in einer Sondergruppe zusammenfasste. Diese Frauen konnten die Kinder mit Malen und Basteln beschäftigen, hatten aber ohne Russischkenntnisse keine Möglichkeit für einen Deutschkurs und fühlten sich demnach genauso hilflos wie vorher die zuständigen Lehrer.

Zum Glück bekamen diese Frauen Kontakt zu mir, einem frühpensionierten Gehörlosenlehrer. Ich hatte die Zeit und die Möglichkeit, den betroffenen Kindern zu helfen.

In früheren Jahren hatte ich für gehörlose und andere sprachbehinderte Kinder die „Hamburger Bildserie zur Sprachförderung" mit ca. 1000 Begriffen entwickelt, die in Farbdruck ein großer Erfolg wurde und auch heute noch zu kaufen ist.

Ich kannte auch nicht die russische Sprache. Aber mit Hilfe meiner Bildserie baute ich für die aus Kasachstan umgesiedelten Kinder den vorliegenden Sprachkurs auf, den die Schüler anhand der Bilder sofort verstehen konnten. Sie lernten die Namen der Bilder zu sprechen, zu lesen und auch zu schreiben und waren fleißig bei der Sache.

Da ich bei den unterschiedlichen Altersstufen der Kinder weitgehend individuell arbeiten musste, waren mir die mithelfenden Frauen nach meinem mündlichen Unterricht eine große Hilfe bei den folgenden schriftlichen Aufgaben.

Mehrere Monate lang unterrichtete ich die Kinder täglich ehrenamtlich und baute diesen Sprachkurs immer weiter aus, und die Kinder lernten in dieser Zeit so viel Deutsch zu verstehen und zu sprechen, dass sie danach in ihre altersgemäßen Klassen erfolgreich integriert werden konnten.

b. Bosnische Flüchtlinge

Im Jahr 1992 wurde wieder meine Hilfe gebraucht. Im Verlauf des Bürgerkrieges im ehemaligen Jugoslawien flohen viele tausend Bosnier vor Krieg und Verfolgung nach Deutschland. Ein Teil von ihnen fand Unterkunft in einem Containerlager in Hamburg-Poppenbüttel.

Einer Gruppe von ca. 20 Bosniern, Erwachsenen und älteren Kindern, habe ich innerhalb eines Jahres zweimal wöchentlich wieder ehrenamtlich anhand meiner Bildserie Deutschunterricht erteilt. Dabei wuchs dieser vorliegende Kurs auf insgesamt 368 Din-A4-Seiten, die ich in einem Kopiergerät für die Kursteilnehmer vervielfältigte. Damit umfasste der Kurs fast den gesamten Bild- und Wortschatz meiner „Hamburger Bildserie zur Sprachförderung".

12 Bosnier haben den Kursus das ganze Jahr durchgehalten. In dieser Zeit lernten sie ca. 2000 deutsche Wörter in entsprechenden Sätzen, sodass sie einfache Gespräche mit Deutschen führen konnten.

Besonders eifrig waren einige junge Frauen, die ihre Chance für ein Bleiben in Deutschland erkannten. Eine von ihnen begrüßte mich nach Jahren als Kellnerin in einem Restaurant.

c. Ein gehörloser Tscheche

Anhand dieses Kurses unterrichtete ich danach im Auftrag der Hamburger Sozialbehörde einen intelligenten Gehörlosen aus der Tschechei, dessen Arbeitsplatz bei einer Hamburger Behörde wegen mangelnder deutscher Sprachkenntnisse wackelte.

Ihn unterrichtete ich drei Jahre lang einmal wöchentlich, wobei mein Sprachkurs auf über 800 Din-A4-Seiten wuchs. Dafür verwendete ich schließlich u.a. Bilderreihen, die oft komplizierte Handlungsabläufe des alltäglichen Lebens zeigten, bis der Arbeitsplatz des Gehörlosen voll gesichert war.

d. Zusammenfassung

So ist dieser Sprachkurs mehrfach hintereinander durchgeführt worden und hat sich stets bewährt, auch wenn diese acht bisher daraus entstandenen Arbeitshefte äußerlich primitiv erscheinen mit den Kopien der einzelnen Bilder aus meiner Bildserie und mit den vielen handschriftlichen Eintragungen in diese Bilder und in den daraus hervorgehenden Sätzen. Alles ist mit der Hand geschrieben; auf äußerliche Schönheit konnte ich keinen größeren Wert legen.

Anders ist es bei meiner „Hamburger Bildserie zur Sprachförderung", die nach meinen Vorlagen professionell farbig gestaltet wurde.

Es wäre ja schön, wenn die acht Arbeitshefte auch in Farbe erscheinen könnten; dann würde aber der Preis für die einzelnen Hefte weitaus höher liegen. Als eine Hausaufgabe können die Kinder ja die Bilder farbig anmalen.

Besonderen Wert legte ich bei der Gestaltung meines Sprachkurses auf das Einüben von Satzkonstruktionen. Die Sätze, nicht die einzelnen Wörter, stehen im Mittelpunkt des Kurses; denn die Schüler sollen in Sätzen richtig sprechen und schreiben lernen. Bereits auf dem Arbeitsblatt 5 des Kurses werden die ersten einfachen Sätze nach Vorlagen eingeübt.

3. Zielgruppen für diesen Deutschkurs

Die wichtigste Zielgruppe für diesen Deutschkurs sind ausländische Schüler, die möglichst schnell in ihre altersgemäßen Klassen integriert werden sollen.

Zum einen muss ihnen die entwürdigende sprachliche Isolierung unter den deutschen Schülern so schnell wie möglich genommen werden, unter der sie leiden.

Zum anderen sollen ihre wichtigsten Lernjahre nicht verloren gehen. Egal, ob sie eines Tages Deutschland wieder verlassen werden oder auf Dauer bei uns bleiben, für ihre spätere Berufsqualifizierung und für ihr Lebensglück ist eine möglichst schnelle erfolgreiche Beschulung unabdingbar.

Natürlich können genauso gut wie Kinder auch erwachsene Ausländer, in Gruppen zusammengefasst oder einzeln, anhand dieses Deutschkurses unterrichtet werden.

Doch es gibt noch eine andere, fast vergessene Zielgruppe: die oft im Verborgenen lebenden Ehefrauen der Immigranten, die manchmal schon ihrer Kinder wegen kaum aus ihrer Wohnung kommen.

Ihnen könnten z.B. ehrenamtlich deutsche Frauen helfen, die Zeit haben, weil sie nicht mehr berufstätig sind, oder weil eigene Kinder vielleicht schon aus dem Haus sind. Sie könnten Zugang in die Wohnungen der ausländischen Ehefrauen finden, um auch diese Frauen mit dem vorliegenden Kurs aus ihrer sprachlichen Isolierung zu befreien.

4. Die Arbeit mit der „Hamburger Bildserie zur Sprachförderung"

Für den Kursleiter wäre der Kauf meiner „Hamburger Bildserie zur Sprachförderung" sehr zu empfehlen, da das Kursmaterial aus dieser farbigen Bildserie stammt, die für Klarstellungen und Wiederholungen sehr nützlich ist.

Die Bildserie umfasst 147 farbige Bildbogen mit 968 Einzelbildern und 44 großen Situationsbildern. Alle Bilder tragen die Namen der Begriffe auf der Rückseite; dazu gibt es umfassende Wortlisten.

Die Bildserie kann zum Preis von 38,- Euro + 4,- Euro Versandkosten über meine Anschrift bestellt werden:

Walter Eckel, Volksdorfer Weg 209, 22393 Hamburg, Tel. 040/6019728, ferner über die Website www.hamburger-bildserie.de

Die Bildserie ist in einem Ringbuch zusammengefasst, damit sie voll aufklappbar ist, und damit auch einzelne Seiten auf Wunsch herausgetrennt und in ein Arbeitsheft eingeklebt werden können.

Auf diese Weise könnten Sie sogar ein Arbeitsheft gestalten, in dem die farbigen Bilder den Kopien derselben in der gleichen Reihenfolge des Sprachkurses eingeklebt werden könnten. So hätten Sie ohne langes Suchen stets die im Augenblick des Unterrichts nötigen farbigen Originale zur Hand.

Die farbigen Originalbilder tragen die Namen der Begriffe auf der Rückseite. Das hat den Vorteil, dass bei einer Kontrolle der gelernten deutschen Namen die Schriftbilder unsichtbar bleiben. Wenn die Schüler dennoch die richtigen Bezeichnungen zu den Farbbildern nennen können, haben sie diese Wörter gut auswendig gelernt.

Im Arbeitsheft 2 werden die Namen der Farben eingeübt. Zuvor werden auf vier Arbeitsblättern weitere Kleidungsstücke gezeigt und gelernt. Zum Schluss sollen die Schüler in schriftlicher Arbeit die Namen der Farben den Kleidungsstücken zuordnen. Diese Aufgabe setzt voraus, dass die Schüler die Originale in den richtigen Farben erkennen können.

So ist in allen Arbeitsheften des Kurses wünschenswert, dass die Schüler stets die Möglichkeit haben, die farbigen Originale mit ihren Kopien vergleichen zu können. Das Gleiche gilt, wenn sie beim Malen die Originalfarben auf ihre Kopien übertragen wollen.

5. Allgemeine Ratschläge für den Deutschunterricht mit diesem Kurs

Der Aufbau des vorliegenden Sprachkurses könnte dazu verleiten, den Kurs als eine vorwiegend schriftliche Aufgabe zu sehen. Doch das Gegenteil ist der Fall.

Die mündliche Arbeit steht im Vordergrund. Dabei ist entscheidend, dass die Schüler die Bilder auch richtig verstehen.

Das ist bei den Darstellungen von Gegenständen nicht allzu schwierig. Dennoch wäre es hilfreich, wenn der Unterrichtende die „Hamburger Bildserie zur Sprachförderung" zur Hand hat, da die farbigen Originale weitaus klarer zu erkennen sind.

Am Ende der Unterrichtseinheit wäre es schön, wenn die Schüler die Kopien mit Buntstiften selber kolorieren könnten, oder sie bekommen diese Arbeit aus Hausaufgabe.

Am Anfang des Kurses, wenn der Lernvorgang für die Schüler noch recht neu ist, wäre es gut, wenn der Unterrichtende viele Gegenstände mitbringt, die die Schüler dann den Bildern unter Nennung der Namen zuordnen. Das gilt besonders, wenn meine Bildserie am Anfang noch nicht zur Verfügung steht.

Das Auswendiglernen der Namen von Gegenständen wird auch viel abwechslungsreicher, wenn diese Aufgabe anhand vieler mitgebrachter Gegenstände gelöst wird, als wenn immer nur auf die Bilder gezeigt werden muss.

Interessant wäre auch, wenn mit den unterschiedlichen Gegenständen ein Frage- und Antwortspiel gestaltet wird. Die Schüler bekommen unterschiedliche Gegenstände in die Hand und nun erfolgen Frage und Antwort: „Was hat Achmed?" „Achmed hat einen Ball." Dieses Spiel kann man bei den meisten neu auftretenden Gegenständen wiederholen.

Wichtig ist vor allem, wenn die Schüler erfahren, dass auch recht unterschiedlich aussehende Gegenstände den gleichen Namen tragen können.

So wäre bei dem Erlernen von Kleidungsstücken ratsam, wenn der Unterrichtende eine Fülle von Textilien mitbringt, um sie den Bildern zuordnen zu lassen, damit die Schüler erkennen, dass trotz unterschiedlicher Formen und Farben oft nur ein Bild und ein Name zuständig sind.

Weitaus schwieriger ist es, bei den dargestellten Tätigkeiten und Eigenschaften die Klarheit der Bildaussage hervorzuheben. Das geht am besten, wenn man die Tätigkeiten von den Schülern spielen lässt.

Für das Wort „kaufen" könnte der Lehrer etwas Geld und z.B. einige Süßigkeiten mitbringen, um den Vorgang eindeutig spielen zu lassen. Jeder Schüler bekommt einige Cent und darf sich dafür einige kleine Süßigkeiten kaufen.

Wieweit eine solche Darstellung nötig ist, hängt natürlich auch von den Schülern ab. Wenn bei etwas älteren Schülern offensichtlich ist, dass sie den Begriff verstanden haben, kann man auf die spielerische Darstellung auch verzichten.

Für die Verdeutlichung der Tätigkeiten wäre es auch sinnvoll, einfache Gebärden zur Hilfe zu nehmen, die überall auf der Welt verstanden werden. „Essen" und „trinken" lassen sich sehr leicht darstellen; für „schlafen" legt man den seitlich geneigten Kopf auf eine Hand und schließt die Augen.

Bei den Bildern der Gegenstände sind mit den Schriftbildern immer Einzahl und Mehrzahl vorgegeben, vor allem aber die Artikel: „der, die" oder „das".

Das grammatikalische Geschlecht der Wörter, das in der deutschen Sprache Ausländern recht willkürlich erscheint, ist oft schwer zu lernen. Deshalb sollte der Lehrer sehr darauf achten, dass beim Nennen von Namen der Gegenstände immer der Artikel in der Einzahl mitgesprochen wird, damit dieser gleichzeitig mit dem Wort gelernt werden kann.

Bei den Darstellungen von Tätigkeiten wird stets den Bildern entsprechend die 3. Person in Einzahl und Mehrzahl genannt. Die anderen Verbformen werden später eingeführt.

Erst nach dem Erarbeiten der neu gelernten Begriffe und nach dem richtigen Sprechen der dazu gehörigen Sätze erfolgt zum Ende der Unterrichtseinheit die schriftliche Arbeit.

Ganz wichtig ist die stete Wiederholung der zuvor gelernten neuen Begriffe mit den dazu gehörigen Sätzen. Jede Unterrichtsstunde sollte mit der Kontrolle der vorher gelernten Unterrichtsinhalte beginnen. In Stichproben sollten auch Inhalte früherer Stunden wiederholt werden.

Erst danach werden neue Begriffe gelernt und möglichst in Sätzen eingeübt. Gegen Ende der Unterrichtseinheit erfolgt die Besprechung der schriftlichen Aufgabe in Sätzen, die von allen Schülern gesprochen werden.

Bei der schriftlichen Arbeit kontrolliert der Lehrer die notierten Aufgaben und hilft bei Schwierigkeiten. Ganz zum Schluss werden die richtig geschriebenen Sätze vorgelesen.

Wie schon erwähnt, habe ich in meinem Sprachkurs großen Wert darauf gelegt, dass nicht nur die deutschen Wörter einzeln gelernt werden, , sondern dass sie möglichst sofort in zunächst kurze und einfache Sätze eingebunden werden können.

Da bei einem muttersprachlichen Deutschunterricht zunächst keine Grammatikregeln auswendig gelernt werden können, wird in den ersten Arbeitsheften die richtige Grammatik in den Beispielssätzen vorgegeben.

Die Schüler sollen die Grammatik im Gebrauch der Sprache lernen, genauso wie bei Kleinkindern. Darum sollte, wie schon gesagt, darauf geachtet werden, dass nicht nur die einzelnen Wörter wiederholt werden, sondern auch die Sätze, zuerst mündlich anhand der Bilder und erst zu Kontrolle gemäß den geschriebenen Textseiten.

Erst in den späteren Arbeitsheften wird im Einzelnen auf grammatische Regeln eingegangen, nachdem die Schüler durch viele vorhergehende Beispiele schon gefühlsmäßig meist die richtige grammatische Form verwenden. Dann sollten die Formen allerdings auch richtig gelernt werden.

Die Sätze, die sich aus den Bildern ergeben, sind in ihrer Form meist vorgegeben. Die Schüler sollen, nach mündlicher Besprechung, die Lücken in den Sätzen mit den Wörtern der in den Bildern beschriebenen Personen, Gegenständen und Tätigkeiten ausfüllen.

Dabei ergeben sich in den Sätzen manchmal vorerst noch unbekannte Wörter oder Formen als Ergänzung, die noch nicht erklärt werden können.

Auch das Kleinkind hört beim muttersprachlichen Erlernen der deutschen Sprache zunächst viele noch unbekannte Wörter und Formen, wenn die Eltern vernünftigerweise in korrekten Sätzen sprechen und die Babysprache nicht imitieren.

Das Kleinkind sucht sich die bekannten Begriffe aus dem gesprochenen Text, um den Satz zu verstehen. Die für das Kind noch nebensächlichen Wörter und Formen werden später gelernt. Das Gleiche geschieht im Sprachkurs bei den ausländischen Schülern.

Wie sehr ein Kleinkind auf die Sätze der Erwachsenen achtet, sofern es nicht vor dem Fernsehen ruhig gestellt wird, erlebten wir bei unserer Tochter.

Meine Frau unterhielt sich mit Besuchern und erwähnte dabei, dass sie noch Kuchen backen müsse. Unsere damals einjährige Tochter, die still auf dem Fußboden saß, klatschte plötzlich in ihre Hände. Bei den Wörtern „Kuchen backen" erinnerte sie sich an des Liedchen: „Backe, backe Kuchen", bei dem in die Hände geklatscht wird.

Als unsere Tochter drei Jahre alt war, unterhielten wir Erwachsenen uns über religiöse Themen. Einer fragte: „Was sagt denn die Kirche dazu?" Unsere Tochter, die von der religiösen Thematik nichts verstehen konnte, reagierte sofort mit den Worten: „Die Kirche kann gar nichts sagen, die ist aus Stein."

Dies sind ganz normale Reaktionen bei aufmerksamen Kindern. Sie brauchen deshalb als Kursleiter keine Sorge zu haben, dass es Ihren ausländischen Schülern schadet, wenn Sie in einem Satz zu den wichtigen bekannten Wörtern nebenbei noch einige unbekannte Wörter und Formen anwenden.

Diese allgemeine Anleitung gilt für alle bisher erschienenen acht Arbeitshefte. Nun folgt in den weiteren Kapiteln der Anleitung die Beschreibung von Schwierigkeiten, die sich speziell in den einzelnen Arbeitsheften ergeben können.

6. Spezielle Tipps für die Arbeit mit den einzelnen Arbeitsheften.

Arbeitsheft 1

a. Das Überwinden der Befangenheit (Arbeitsblätter 1 bis 5)

Für mich als ehemaliger Gehörlosenlehrer mit der Spezialisierung auf die Früherziehung taubstummer Kleinkinder war die Kontaktaufnahme mit den sprachlosen Kindern eine berufliche Selbstverständlichkeit.

Wenn Sie als Lehrer oder als ehrenamtlicher Mitarbeiter einer Gruppe fremdsprachiger Schüler zum ersten Mal gegenüberstehen, besteht die Gefahr einer Befangenheit in dieser völlig neuen und bisher unbekannten Situation.

Es wäre sehr schade, wenn aus dieser sprachlosen Befangenheit der Deutschkurs mit Ihnen scheitern sollte.

Bei fremdsprachigen Grundschülern könnten Sie diese erste Fremdheit überwinden, indem Sie zu Beginn etwas zum Malen oder Basteln in die Gruppe mitbringen.

Zu Beginn der Arbeit wäre in einer Gruppe zum Kennenlernen der Vornamen ein Ballspiel denkbar. Die Gruppe steht in einem Kreis zusammen. Der Kursleiter nimmt einen großen Ball, der leicht zu fangen ist, und nennt seinen Namen, möglichst in einem kurzen Satz: „Ich bin Rudolf" oder „ich heiße Lisa". Dann wirft er den Ball einem der Schüler zu.

Der Schüler nennt seinen Namen auch in einem kurzen Satz und wirft den Ball einem anderen Schüler zu. So geht es hin und her, bis die Kenntnis der Vornamen allmählich sicherer wird.

Nun wird das Spiel schwieriger: Der Kursleiter sagt zu einem Schüler: „Du bist Ismael" und wirft ihm den Ball zu. Der genannte Schüler fängt den Ball auf, sagt den Namen eines anderen Schülers, möglichst auch in einem kurzen Satz, und wirft diesem den Ball zu. So wird die Kenntnis der Namen gefestigt, und der erste spielerische Kontakt ist hergestellt.

Der Kursleiter sollte auch keine Scheu haben, natürliche Gebärden einzusetzen, die allgemein verständlich sind. Bei „ich" und „du" zeigt der Kursleiter auf sich selbst oder auf den Schüler.

Bei der Aufforderung zum Sprechen sagt man „sprich!" und führt die Finger einer Hand vom Mund weg, oder man macht die Gebärde des Wartens mit nach oben offenen Händen und Hochziehen der Schultern und fragendem Gesichtsausdruck.

Der Kursleiter braucht auch keine Sorge zu haben, dass Schüler missmutig und unwillig sind, höchstens dass sie zuerst noch scheu sind. Die Schüler haben zuvor meist viel Frust erfahren in der fremdsprachigen Umwelt und in Schulklassen, isoliert und in Unverständnis des Unterrichts.

Wenn jemand auf sie zugeht und sich um Kontakt bemüht, sind die Schüler meist dankbar und interessiert, die neue Sprache zu lernen, um der Isolierung zu entgehen; denn sie wissen ja, dass sie für längere Zeit oder für immer in Deutschland bleiben werden.

Wenn die Schüler die ersten Seiten im Arbeitsheft mit den Namen der Personen aufschlagen, sagt der Kursleiter: „Da ist der Papa" und zeigt auf das Bild. Wenn alle Namen genannt und gezeigt sind, fragt der Kursleiter: „Wo ist der Papa?", usw. und die Schüler zeigen auf das richtige Bild und antworten immer im Satz: „Da ist der Papa".

Wenn die Begriffe „Mann, Frau" und „Kind" gelernt werden sollen, sagt der Kursleiter: „Der Papa ist ein Mann. Die Mama ist eine Frau. Der Junge ist ein Kind, " und zeigt auf die Bilder. Bei der Kontrolle fragt er: „Was ist der Papa?", und der Schüler sagt den entsprechenden Antwortsatz.

Bei der kurzen schriftlichen Arbeit zum Schluss der Unterrichtseinheit kann bei Schülern, die bisher nur arabische Zeichen kennen, eine Schwierigkeit bestehen, die neuen Wörter zu schreiben. Der Kursleiter wird daher vorerst zufrieden sein, wenn ein solcher Schüler zunächst die richtigen Wörter in Druckschrift von den Bildern abschreibt.

Es ist auch sehr wichtig, dass der Kursleiter den Schülern bei richtigen Antworten viel Lob spendet, mit den Worten: „Das ist gut!", zuerst zusätzlich mit Gebärden wie in die Hände klatschen oder mit den Zeichen für „gut", entweder mit dem erhobenen Arm und dem geschlossenen

Kreis mit den Fingern, oder einfach mit der erhobenen Faust und dem nach oben gereckten Daumen.

Wenn der Kursleiter diese erste Stunde erfolgreich überstanden hat, ist der Kontakt mit den Schülern hergestellt, und Schwierigkeiten in der Verständigung werden im Laufe des Kurses immer seltener vorkommen.

b. Arbeitsblätter 6 bis 8 und 11 bis 12

Auf den Arbeitsblättern 6 und 7 werden unterschiedliche Arten von Obst und Gemüse dargestellt. Zum Einüben dieser Wörter könnte der Kursleiter die entsprechenden Lebensmittel jeweils in einem Exemplar mitbringen und sie den Bildern zuordnen lassen.

Wenn das geklärt ist, verteilt der Lehrer das Obst und Gemüse an die Schüler, und es beginnt ein Frage- und Antwortspiel in entsprechenden Sätzen: Der Lehrer fragt: „Was hat Aishe?" Die Schüler antworten: „Aishe hat eine Tomate." Aishe hält die Tomate hoch. Danach fragt Aishe: „Was hat Mohammed?" und die Schüler antworten entsprechend.

Auf Arbeitsblatt 8 werden die dargestellten Tätigkeiten gespielt. Bei älteren Schülern kann es genügen, wenn diese mit Gebärden für „kaufen, holen tragen, essen" die eindeutige Klarheit für ihr Verständnis der Wörter darstellen. Danach werden die vier Begriffe in kurzen Sätzen eingeübt: „Das Mädchen kauft. Der Junge trägt."

Die Arbeitsblätter 9 und 10 werden vorerst vertagt. Auf Arbeitsblatt 11 stellen die Pfeile die Zusammenhänge für längere Sätze her: „Was macht der Opa?" „Der Opa kauft Äpfel."

Für den Opa gibt es nur einen Satz. Die gestrichelten Pfeile zeigen, dass für die Oma und die nächsten zwei Personen jeweils zwei Sätze zu bilden sind. „Was macht die Oma? Die Oma kauft Bananen. Die Oma holt Birnen."

Erst wenn alle Sätze geklärt und von allen gesprochen wurden, geht es an die schriftliche Arbeit. Zum Schluss sollten die Schüler die Sätze zur Zeitersparnis noch einmal im Chor sprechen. Wenn die Schüler die Bedeutung der Pfeile, der Tätigkeiten und der Früchte verstanden haben, sollte es für sie nicht allzu schwer sein, die passenden Wörter in die Sätze einzusetzen.

c. Arbeitsblatt 10

Auf diesem Arbeitsblatt werden die schon bekannten Personen in ihrem Verwandtschaftsgrad dargestellt. Mit den Worten „Vater, Mutter, Kind" können nun Sätze gebildet werden: „Der Junge, das Mädel und das Baby sind Kinder von Papa und Mama", oder „Der Papa ist der Vater von ...., die Mama ist die Mutter von ... Der Opa ist der Vater von Papa, die Mama ist ein Kind von Opa und Oma", usw.

d. Arbeitsblätter 13 bis 16 und 17 bis 19

Die Lebensmittel auf den Blättern 13 bis 16 werden entsprechend den bisherigen Beispielen eingeübt und gelernt und brauchen demzufolge keine extra Besprechung.

Die Körperteile auf Blatt 17 sollten nicht am Arbeitsblatt 17 eingeübt werden, sondern an den Körpern der Kursteilnehmer. Zuerst werden alle Körperteile genannt und am eigenen Körper gezeigt. Nach dem Vorbild des Kursleiters zeigen die Schüler dann nacheinander auf einen eigenen Körperteil und sagen: „Das ist der Arm, das ist der Bauch" usw. Später zeigt ein Schüler auf einen eigenen Körperteil und fragt seinen Nachbarn: „Was ist das?", und dieser gibt die richtige Antwort.

Später werden auf Arbeitsblatt 18 die größeren Körperpartien genannt und gezeigt. In Vorbereitung auf die schriftliche Arbeit fragt zuerst der Lehrer: „Wo ist der Mund?", und die Schüler antworten: „Der Mund ist am Kopf." Später stellen sich die Schüler gegenseitig entsprechende Fragen. Zum Schluss erfolgt dann die schriftliche Arbeit.

e. Arbeitsblätter 20 bis 28

Nach dem Einüben der 12 Fahrzeuge folgt auf Arbeitsblatt 22 die Darstellung der Straße mit allen Nebenwegen. Genaugenommen müsste auf dem Bogen statt „auf der Straße" besser „auf der Fahrbahn" stehen; doch im Sprachgebrauch wird die Fahrbahn eben doch meist „Straße" genannt.

Zuerst müssen die Begriffe „Straße, Radweg, Fußweg, Schienen, Wasser, Luft" in ihrer Bedeutung erklärt werden, danach erfolgt die entsprechende Zuordnung der Fahrzeuge. Auf dem *Rad*weg fährt das Fahr*rad*, auf dem *Fuß*weg geht man mit den *Füßen*.

Anschließend erfolgt als Vorbereitung für die schriftliche Arbeit das Herausfinden und Einüben der richtigen Sätze mit Fragen und Antworten: „Wo fährt die Straßenbahn? Die Straßenbahn fährt auf Schienen." Dabei sollten alle Hinweise beachtet werden, die ich für das Einüben von Sätzen bereits beschrieben habe, bevor die schriftliche Arbeit beginnt.

Die Arbeitsblätter 24 und 25 erfordern keine schwierigen Erklärungen. „Womit fliegt der Papa? Der Papa fliegt mit dem Flugzeug." Wenn alle Frage- und Antwortsätze erarbeitet wurden, erfolgt die schriftliche Arbeit. Zur Erleichterung für die Schüler sind die richtigen Satzteile für die Antworten oben auf dem Bogen schon angegeben und müssen nur herausgefunden und geschrieben werden.

Die Arbeitsblätter 26 und 27 zeigen Fahrzeuge, deren Namen in ihrer Mehrheit aus zwei Teilen zusammengesetzt sind. Diese Begriffe sollten nicht einfach gelernt, sondern nach Möglichkeit vorher erklärt werden. Da dies bei dem vorerst noch geringen Wortschatz der Schüler schwierig ist, müssen Gebärden zur Erklärung mit herangezogen werden.

Zur Darstellung von „Last" wird mit beiden nach vorn gesteckten Händen symbolisch das Tragen einer Last angedeutet. Beim „Motor" dreht man schnell eine Hand und lautiert das Motorengeräusch. Für „krank" legt man eine Hand an die Stirn und die zweite auf den Magen und macht dabei leidendes Gesicht. Für „Feuer" wird mit beiden zitternden Händen eine lodernde Flamme dargestellt, die sich nach oben hin schließt, usw.

Das alles sind natürliche Gebärden, die von den Schülern sofort verstanden werden. Die Schüler kennen ja diese Begriffe und übersetzen sie schnell in ihre eigene Muttersprache.

Für die schriftliche Arbeit werden vorher die Sätze geklärt und gesprochen. Die wesentlichen Begriffe, die meist zum richtigen Wort führen, sind unterstrichen. Zur Erleichterung für die Schüler sind die richtigen Antworten oben auf dem Bogen zum Herausfinden schon angegeben.

f. Arbeitsblätter 29 bis 31

Auf dem Arbeitsblatt 29 werden vier neue Tätigkeitswörter dargestellt, die eingeübt werden müssen. Auf Arbeitsblatt 30 kommen mit „holt" und „trägt" noch zwei Tätigkeiten hinzu, die aber schon vorher erarbeitet wurden.

Die kurzen Sätze: „Der Junge läuft. Der Junge geht." sind unkompliziert zu sprechen. Aber bei den folgenden zwei Bildern müssen jeweils zwei Frage- und Antwortsätze gebildet werden: „Was sagt die Mutter? Die Mutter sagt: Hol den Feger!" „Was macht das Mädchen? Das Mädchen holt den Feger." Die letzten beiden Bilder sind wieder einfach zu besprechen.

Die vier neuen Tätigkeiten sollten zur Klarstellung von den Schülern kurz gespielt und dann gelernt werden. Doch auch die vier unteren Bilder auf Arbeitsblatt 30 könnten leicht gespielt werden, indem ein Schüler den Befehl sagt und ein anderer Schüler den Befehl ausführt. Dabei können statt der dargestellten Gegenstände auch andere als Beispiel genommen werden. Danach sollte die schriftliche Arbeit kein großes Problem mehr sein.

g. Arbeitsblätter 32 bis 37

Die 24 Bilder von Bekleidungen und Bekleidungszubehör sprechen meist für sich. Sie können von den Schülern zum Teil an sich selbst gezeigt und benannt werden. Wie bereits beschrieben, könnte der Kursleiter eine Reihe von unterschiedlichen Textilien mitbringen und den Bildern zuordnen lassen. Das würde den Schülern klarmachen, dass viele Kleider trotz unterschiedlicher Formen und Farben oft in nur einem Begriff benannt werden.

Diese zusätzliche Klärung wäre bei Grundschülern sicher angebracht. Der Kursleiter muss selber entscheiden, ob diese Klärung bei älteren Schülern noch notwendig wäre oder nicht.

Sehr wichtig ist, dass der Kursleiter nicht immer nach der abschließenden schriftlichen Arbeit gleich die nächste Unterrichtseinheit vornimmt. Die deutschen Namen für die 24 gezeigten Bekleidungen und Zubehör können von den meisten Schülern nicht auf einmal vollkommen sicher ins Gedächtnis eingeprägt werden.

In Abständen müssen diese neuen Wörter immer wieder erfragt und beantwortet werden, am besten als kurze Wiederholung am Anfang der Unterrichtseinheit. Das gilt natürlich auch für alle anderen neu gelernten Wörter. Anhand der positiven oder mehr negativen Ergebnisse dieser Wiederholungen muss der Lehrer selbst entscheiden, wie oft und wann solche Wiederholungen nötig sind.

Die abschließende schriftliche Arbeit entsprechend den Arbeitsblättern 36 und 37 ist nicht so schwierig. Es werden Sätze gebildet wie: „Was trägt der Opa? Der Opa trägt Mantel und Hut." Auch hierbei sollten die Frage- und Antwortsätze von allen Schülern gesprochen werden, entweder einzeln oder zur Wiederholung auch im Chor.

Bei einzelnen Kleidungsstücken müsste ein Artikel genannt werden: „Der Opa trägt einen Mantel." Aber bei Aufzählungen ab zwei Gegenständen kann auf den Artikel verzichtet werden.

h. Arbeitsblätter 38 bis 44

Die Arbeitsblätter 38 bis 40 wurden in dem Anfangskapitel der Anleitung: „Muttersprachlicher Unterricht und konventioneller Unterricht" als ein Beispiel für den muttersprachlichen Unterricht schon genau beschrieben. Wenn nötig, orientieren Sie sich in dem obigen Kapitel.

Auf den letzten vier Arbeitsblättern 41 bis 44 werden weitere Textilien und Bekleidungszubehör gezeigt, die fleißig benannt und gelernt werden müssen.

Die letzten beiden Arbeitsblätter 43 und 44 sind schwarz eingefärbt. Das hat den folgenden Grund: Die ersten beiden Auflagen der „Hamburger Bildserie zur Sprachförderung" wurden seinerzeit aus Kostengründen in schwarz-weiß gedruckt. Sie umfassten zunächst nur die Bilder der allerwichtigsten Wörter der deutschen Sprache.

Erst nach dem großen Erfolg meiner Bildserie wurde diese auf den heutigen Umfang erweitert und vollständig in Farbe gedruckt. Für den Schwarz-weiß-Druck der vorerst acht Arbeitshefte habe ich, soweit möglich, die alten farblosen Ausdrucke bevorzugt.

Doch für die weiterführenden komplizierteren Begriffe habe ich nur die farbigen Bilder zur Verfügung, die dann im Schwarz-weiß-Ausdruck nur schwarz oder grau erscheinen. Auch darum ist zum Vorzeigen der neuen Bilder der Kauf meiner farbigen Bildserie vorteilhaft.

i. Farbige Drucke zur Erprobung

Doch Sie müssen sich nicht gleich für den Kauf meiner Bildserie entscheiden. Für das Arbeitsheft 1 werden die nötigen 14 Farbbögen zusätzlich zum Herunterladen ins Internet gestellt. So brauchen Sie für das Arbeitsheft 1 auf nichts zu verzichten.

Es war für mich eine langwierige Arbeit, diese 14 farbigen Bögen aus meiner Bildserie herauszusuchen, da die Bilder dort nach Sachgruppen zusammengefasst sind. Ich musste die Bilder einzeln im Inhaltsverzeichnis meiner Bildserie herausfinden.

Um Ihnen künftig diese zeitraubende Arbeit zu ersparen, habe ich die Bildbögen genau gekennzeichnet. Unter BS ... (Bildserie) nenne ich die Seitenzahl, wo Sie für die fortführenden Arbeitshefte den entsprechenden Bildbogen in der Bildserie finden können.

Unter der Bezeichnung SK ... (Sprachkurs) finden Sie die Nummern der Arbeitsblätter, für die der entsprechende farbige Bildbogen zuständig ist.

Für das im Internet zur Verfügung gestellte Arbeitsheft 1 können Sie sich diese Arbeit sparen, da die farbigen Bögen der Bildserie schon geordnet bereitgestellt sind.

Aber für die folgenden Arbeitshefte werden die Bezeichnung BS ... und SK ... eine große Hilfe sein, die passenden farbigen Bildbögen zu finden. In der weiteren Anleitung werden am Ende der speziellen Arbeitshilfen für jedes Arbeitsheft diese Angaben auf den Bildbögen gezeigt, dort allerdings in Schwarz-weiß und verkleinert.

Dem Vorbild vom Arbeitsheft 1 entsprechend wird es für Sie vorteilhaft sein, wenn Sie für die folgenden Arbeitshefte die farbigen Bildbögen nach den angegebenen Nummern heraussuchen, auf einen Bogen Papier kleben und in der richtigen Reihenfolge in ein Ringbuch einordnen. Sie sparen sich durch diese Vorarbeit das ständige lästige Heraussuchen der erforderlichen farbigen Bildbögen aus dem Ringbuch der Bildserie.

Die Darstellungen auf der Webseite des Sprachkurses sind als eine sehr ausführliche Information gedacht. Wer einen Drucker hat oder gar einen Farbdrucker, kann, wenn er will, alle Daten herunterladen und ausdrucken.

Wem aber die Drucker fehlen, kann das Arbeitsheft 1 wie später alle anderen Arbeitshefte auch im Buchhandel kaufen. Doch selbst wer einen Drucker hat, sollte sich überlegen, ob sich die Arbeit des Herunterladens und Druckens auf 44 einzelnen Blättern wirklich lohnt, wenn die gebundenen Arbeitshefte für ca. 6,- Euro im Buchhandel zu haben sind.

Ebenfalls die Anleitung zur Arbeit mit dem Sprachkurs wird für wenig Geld im Buchhandel zu kaufen sein, zunächst für die ersten 4 Arbeitshefte, später für alle 8 Hefte.

Zum Abschluss der Anleitung von Arbeitsheft 1 notiere ich die Nummern der für dieses Arbeitsheft nötigen Farbbilder, entsprechend den genannten Abkürzungen BS ... (Bildserie) für die Seite der Bildbögen in meiner Bildserie, und SK ... (Sprachkurs) für die Arbeitsblätter, für die die bildbögen gedacht sind. Dies erfolgt in der Reihenfolge, in der die Farbbilder für den Sprachkurs nötig sind.

01. BS 1, SK 1-5 + 10
02. BS 29, SK 6-7 + 11-12
03. BS 64 + 91, SK 9
04. BS 56-61, SK 8+11-12
05. BS 31, Sk 13-14
06. BS 34, SK 15-16
07. BS 53, SK 17-19
08. BS 39, SK 20-25
09. BS 40, SK 26-28
10. BS 56, SK 29-31
11. BS 23, SK 32-37
12. BS 26. SK 34-37
13. BS 57, SK 38-40
14. BS 24, SK 41-42 + 47

Arbeitsheft 2

a. Arbeitsblätter 41 bis 47

Für die schriftlichen Aufgaben auf Arbeitsblatt 47 wird auf die Blätter 41 bis 44 vom Arbeitsheft 1 zurückgegriffen, da die Farben der Textilien anhand der Bildserie beschrieben werden sollen.

Zunächst muss der Kursleiter von den Blättern 45 und 46 Kopien erstellen, um dann auf die 12 Kästchen die seitlich und unten angegebenen Farben einzutragen. Das letzte Kästchen kann für eine eventuell noch fehlende Farbe genutzt werden; oder man trägt unten den Namen „bunt" ein und malt das Kästchen entsprechend aus.

Dann erfolgt das Einüben der Farben, indem anhand von Kleidungsstücken oder anderen Gegenständen im Raum in Sätzen gesprochen wird: „Die Jacke ist blau. Der Tisch ist hellbraun."

Sind die Farben eingeübt, erhalten die Schüler die Aufgabe, die eigenen Farbfelder auszumalen, wobei für den Zweifelsfall das Lehrerexemplar noch sichtbar sein sollte. Der Kursleiter sollte auf umfangreiche Buntstiftkästen achten, damit die wichtigsten Farben in hell und dunkel gemalt werden können.

Für die schriftliche Aufgabe auf Arbeitsblatt 47 sollten eigentlich aus der Bildserie die farbigen Vorbilder für die Blätter 41 bis 44 als Vorlagen zur Verfügung stehen. Ansonsten lässt der Kursleiter die Blätter 41 bis 44 nach seinen Angaben anmalen, oder die Schüler malen die Bögen nach eigenem Ermessen aus und schreiben dann die entsprechenden Farben in das schriftliche Arbeitsblatt 47.

b. Arbeitsblätter 48 bis 50

Das Arbeitsblatt 48 mit dem Bild der Straße ist für die dargestellten Fahrzeuge eine Wiederholung von den Arbeitsblättern 22 und 23, jedoch sind auf diesem Bild auch viele Personen dabei.

Zunächst sollten als Wiederholung die Sätze gesprochen werden, die sich auf die Fahrzeuge auf der Straße beziehen. Danach müssten die Sätze erarbeitet werden, die die Personen und ihre Tätigkeiten betreffen.

Auf Arbeitsblatt 49 werden zu den dargestellten Fahrzeugen und Personen noch einmal die erarbeiteten Sätze gesprochen, eventuell auch im Chor, bevor die Sätze niedergeschrieben werden. Das Arbeitsblatt 50 dient zur Schlusskontrolle und sollte bis zum Schreiben der Sätze verdeckt bleiben.

c. Arbeitsblätter 51 bis 57

Zuerst müssen auf den Blättern 51 bis 54 die dargestellten 24 Möbelstücke und Gebrauchsgegenstände gesprochen und gelernt werden.

Die eigentliche Arbeit beginnt auf den Blättern 55 bis 57. Nun können Sätze gebildet und gelernt werden. Es ist empfehlenswert, wenn der Kursleiter Beispiele für die entsprechenden Materialien: Holz, Glas, Stoff, Eisen, Stein und Plastik mitbringt, damit diese von den Schülern angefasst und erkannt werden können.

Bei den Gegenständen sollte darauf hingewiesen werden, dass einige von ihnen

heute oft nicht mehr aus Holz, sondern aus Plastik hergestellt werden, wie Fernsehgeräte und Radios; neben Steintreppen gibt es auch Holztreppen.

Auch Gegenstände und Möbel im Arbeitsraum sollten auf ihr Material überprüft und in Sätzen benannt werden. Auf Arbeitsblatt 57 sollten die Sätze zuerst gesprochen werden, evtl. im Chor, bevor sie zum Schluss niedergeschrieben werden.

d. Arbeitsblätter 58 bis 61

Die Worte „ich" und „du" sollten durch den bisherigen Unterricht schon bekannt sein. Die weiteren Fürwörter sollten in kleinen Sätzen geübt werden: „Sie ist ein Mädchen, er ist ein Junge, es ist ein Kleinkind, wir sind Schüler," usw. Das Gleiche kann mit den Personen im Raum geübt werden.

Dasselbe wird mit den wichtigsten besitzanzeigenden Fürwörtern geübt. Die Schüler halten Gegenstände hoch und sprechen: „Das ist meine Jacke, das ist dein Buch," usw.

Jetzt ist die Zeit gekommen, auf den Blättern 60 und 61 die erste grammatische Übung durchzuführen einschließlich der Befehlsform. Geschrieben werden zum Schluss nur die Tätigkeitswörter mit den Fürwörtern; aber gesprochen wird auch in Sätzen: „Ich hole den Feger, du holst den Feger," usw.

Noch besser ist es, wenn diese Art Sätze im Arbeitsraum mit unterschiedlichen Gegenständen eingeübt werden: „Er holt die Kreide, wir gehen zur Tafel," usw. Und von nun an werden die Fürwörter mit den richtigen Verbformen im alltäglichen Leben geübt: „Du schreibst in dein Heft, ihr passt jetzt auf. Geh zur Tafel!"

e. Arbeitsblätter 62 bis 65

Zuerst werden anhand der Bilder die Namen der Geschirrteile besprochen und gelernt. Danach beginnt das Suchspiel, wo sich die Gegenstände auf dem Situationsbild „In der Küche" versteckt halten. Dabei werden alle Sätze gesprochen.

Zum Schluss werden die Sätze auf Blatt 65 niedergeschrieben. Oben auf dem Blatt stehen die Antworten, aus denen jeweils die richtige herausgefunden werden muss.

f. Arbeitsblätter 66 bis 67

Bei der Einführung neuer Tätigkeitswörter werden die Bilder gleich so beschriftet, dass sich Sätze daraus ergeben. Diese werden gesprochen, gelernt und zum Schluss auf Blatt 67 niedergeschrieben.

g. Arbeitsblätter 68-69

Beim Einüben der Verhältniswörter wird gleich entsprechend den Vorgaben in Sätzen gesprochen. Doch als Hauptaufgabe legt der Kursleiter einen Gegenstand im Übungsraum überall so hin, dass die Schüler mit den gelernten Verhältniswörtern immer neue Sätze bilden müssen. Der Kursleiter fragt stets: „Wo ist … ?", und die Schüler antworten. Natürlich kann auch ein Schüler diesen oder einen anderen Gegenstand verstecken und stellt die Fragen.

Beim Arbeitsblatt 69 wird in ähnlicher Weise alles durchgespielt, indem ein Gegenstand versteckt und dann gefunden wird. Das Bild „ab" spricht für sich. Für den Begriff „alle" kann der Kursleiter z.B. etwas Schokolade verteilen, zeigt die leere Packung und sagt: „Die Schokolade ist alle."

h. Arbeitsblätter 70 bis 73

Die Arbeitsweise entspricht dem, was auf den Arbeitsblättern 62 bis 65 im Abschnitt e bereits genau besprochen wurde, nur dass hier nach dem Erlernen der Gegenstände im Badezimmerbereich diese Dinge auf dem Situationsbogen Blatt 72 wiedergefunden und in Sätzen gesprochen werden.

Neu ist lediglich, dass nicht nur die neu gelernten Gegenstände im Bad zu suchen sind, sondern auch viele andere Dinge, deren Namen schon früher gelernt worden sind. Außerdem fehlt die Sammlung der richtigen Antworten oben auf Blatt 73; die Schüler müssen die Antworten dem Situationsbogen entnehmen.

i. Arbeitsblätter 74 bis 77

Beim Erlernen der Begriffe auf den Blättern 74 bis 75 sollte zur Klarheit auch eine große Schaufel oder ein Bild davon gezeigt werden. Es wäre auch gut, wenn aus demselben Grund ein Faden, ein Band und Wolle mitgebracht werden, vielleicht auch einen Nagel und eine Nadel. Die anderen Darstellungen sprechen in der Klarheit für sich.

Zum Sprechen von Sätzen zeigen auf Blatt 76 durchgezogene und unterbrochene Pfeile von den Personen auf die Werkzeuge. Dabei wird der Begriff „mit" ohne lange Erklärung wieder muttersprachlich geübt und ist zur Erleichterung bei der schriftlichen Arbeit schon in den Lückentexten eingefügt.

j. Arbeitsblätter 78 bis 88

In diesem Abschnitt werden 4 Unterrichtseinheiten zusammengefasst, da die Muster der Erarbeitung denen in den vorigen Abschnitten weitgehend entsprechen.

Auf den Arbeitsblättern 78 und 79 werden die neuen Tätigkeiten gleich in Sätzen gesprochen und nach dem Erlernen auf Blatt 79 geschrieben. Das Gleiche gilt für die auf den Blättern 84 bis 85 zu lernenden Tätigkeiten.

Bei den Arbeitsblättern 80 bis 83 entspricht die Arbeitsweise den oben besprochenen Blättern 74 bis 77, genauso die Blätter 86 bis 88. Die schriftliche Aufgabe für die zuletzt genannten Blätter steht auf Blatt 89 im Arbeitsheft 3.

k. Farbbilder für Arbeitsheft 2

Zum Abschluss der Anleitung für Arbeitsheft 2 notiere ich die Nummern der für dieses Arbeitsheft nötigen 19 Farbbilder, entsprechend den Abkürzungen BS .... (Bildserie) für die Seite der Bildbögen in der Bildserie, und SK ... (Sprachkurs) für die Arbeitsblätter, für die die Bildbögen gedacht sind. Dies erfolgt in der Reihenfolge, in der die Farbbilder für den Sprachkurs nötig sind.

15. BS 25, SK 43-47
16. BS 19, SK 45-47
17. BS 106, SK 48-50
18. BS 07, SK 51-57
19. BS 08, SK 51-57
20. BS 89, SK 58-61
21. BS 90, SK 58-61
22. BS 09, SK 62-65
23. BS 99, SK 64
24. BS 58, SK 66-67
25. BS 92, SK 68
26. BS 93, SK 69
27. BS 12, SK 70-73
28. BS 100, SK 72
29. BS 14, SK 74-77
30. BS 59, SK 78-79
31. BS 21, SK 80-83
32. BS 60, SK 84-85
33. BS 37, SK 86-88

Arbeitsheft 3

a. Arbeitsblätter 89 bis 91

Das Blatt 89 bildet den Schlussteil der Blätter 87 und 88 im Arbeitsheft 2 und stellt die schriftliche Aufgabe dar.

Auf Arbeitsblatt 90 werden neue Tätigkeitswörter durch in die Bilder eingefügte Wörter gleich für eine Satzbildung vorbereitet. Vor der schriftlichen Arbeit müssen alle Sätze, die sich aus den Wörtern ergeben, von den Schülern gesprochen und eingeübt werden.

Dabei sollte der Kursleiter die richtigen Sätze nicht gleich zu Beginn vorsprechen. Die Schüler sollten selbst versuchen, aus den Wörtern Sätze zu bilden. Bei den Sätzen: „Der Junge schlägt das Mädchen," und „der Hund beißt das Mädchen in den Popo" dürfte dies nicht allzu schwer sein.

Doch auch bei den anderen Sätzen sollte der Kursleiter durch kleine Hilfen erreichen, dass die Schüler die Sätze selbst herausfinden, auch wenn hinterher noch Verbesserungen nötig sein werden. Erst ganz zum Schluss werden die richtigen Sätze auf Blatt 91 geschrieben.

Unter zwei Bilder wurden die umgangsüblichen Wörter „schaut-schauen" und „klaut-klauen" verwendet, weil sie leichter zu sprechen sind als „sieht-sehen" und „stiehlt-stehlen" Es steht dem Kursleiter frei, die einfachen Wörter durch die korrekteren Wörter zu ersetzen.

b. Arbeitsblätter 92 bis 96

Das Erlernen von Eigenschaftswörtern habe ich bewusst relativ spät vorgemerkt, weil ihre Bedeutung manchmal etwas schwer zu erkennen ist. Die Bilder von Personen und Gegenständen sprechen meist für sich. Bei Tätigkeitswörtern kann die Bedeutung gespielt werden zum Erkennen, dass nicht die beteiligten Personen gemeint sind, sondern das, was sie tun.

Den Bildern der Eigenschaftswörter fehlt meist die Dynamik, die bei den Bildern der Tätigkeiten vorhanden ist. Nur bei den Bildern „kaputt" und „krank" ist diese Dynamik zum sofortigen Verstehen vorhanden.

Bei den Bildern der Blätter 92 bis 94 ist die Gegensätzlichkeit eine Hilfe zum richtigen Verstehen. Doch selbst bei manchen dieser Bilder sind Missverständnisse möglich.

Warum ist ein umgestoßener Becher ein Zeichen für „böse"? Es könnte ja auch „ungeschickt" bedeuten. Und bei „fleißig" könnte man auch an „schreiben" oder „lernen" denken, und beim Bild „faul" auch an „nachdenklich".

Zum Deutlichmachen der Bedeutung der Bilder sollte man auf natürliche Gebärden zurückgreifen, die von allen verstanden werden. Die fremdsprachigen Schüler kennen ja alle diese Wörter im Gegensatz zu Kleinkindern. Wenn sie die Bedeutung des Bildes verstanden haben, übersetzen sie diese sofort still in ihre eigene Muttersprache.

Das Wort „lieb" wird durch Streicheln gezeigt, für „böse" schüttelt man den erhobenen Zeigefinger und macht ein strenges Gesicht. Für „fleißig" kann man mit der Hand dem Bild entsprechend ein andauerndes Schreiben mit der rechten Hand von links nach rechts andeuten. Für „faul" lehnt man sich beim Sitzen weit zurück, verschränkt die Arme vor der Brust und schaut gelangweilt nach oben.

Weil die Darstellung von „faul" leichter verständlich ist als die von „fleißig" hilft den Schülern die Erkenntnis, dass die beiden Gegensätze nebeneinander gezeichnet sind.

Um dies deutlicher zu machen, sollte der Kursleiter am besten zuerst die Bilder zeigen und besprechen, bei denen die Gegensätzlichkeit leichter zu erkennen ist, wie bei „schmutzig-sauber", „groß-klein", „laut-leise" und „dick-dünn".

Zum Demonstrieren der Bedeutung kann der Kursleiter auch mal die Schüler auffordern, die Gegensätze z.B. von „froh-traurig" darzustellen. Dazu gibt er dem einen Schüler ein Stück Schokolade, dem anderen verweigert er es zunächst, damit der zweite Schüler „traurig" dreinschaut.

Bei der Puppe, die „alt" ist, muss der Kursleiter zeigen, dass die Puppe nicht „kaputt" ist. Bei „warm" wischt man sich den Schweiß von der Stirn, bei „kalt" hält man die Arme mit Fäusten dicht an den Oberkörper und lässt die Arme zittern.

Ich schildere die Notwendigkeit von klaren Bildern und zusätzlichen natürlichen Gebärden so ausführlich, um auf jeden Fall Missverständnisse zu vermeiden.

Eine weitere Voraussetzung für Klarheit ist, dass der Kursleiter nach dem Erlernen der Eigenschaftswörter jede Gelegenheit nutzt, um diese Wörter auch später immer wieder beim Sprechen durch natürliche Gebärden zu unterstützen, wenn sich eine Situation dazu ergibt.

Manche Schüler werden gelegentlich mal keine Lust zum Lernen haben. So nutzt man diese Situation, um mit Worten und Gebärden zu demonstrieren, dass der eine Schüler faul ist, während ein anderer fleißig ist.

Wenn bei einem konventionellen Deutschkurs der Lehrer weder Türkisch noch Arabisch spricht, und er hat kaum Bilder zu zeigen und weiß keine Gebärden, so wird er oft scheitern trotz aller Bemühungen.

Die Schüler merken es bald, wenn der Unterricht schnell fortschreitet ohne Überprüfung des Verständnisses; und wenn sie vieles nicht mehr richtig verstehen, verlieren sie die Lust und verlassen dann den Deutschkurs. Und das Schlimmste daran ist, dass sie dann auch in Zukunft keine Lust mehr zu weiteren Kursen haben.

Wenn die Eigenschaftswörter in Gegensätzen gut verstanden und gelernt sind, sollte der Kursleiter sie auch benutzen, um das kleine Wort „nicht" deutlich zu machen.

Die Wörter „ja, nein, bitte, danke" lernt jeder sofort, der in einem fremden Land unterwegs ist. Auch im Deutschkurs sollten sie ständig bei jeder sich bietenden Gelegenheit benutzt werden.

Bei dem Wort „nicht" ist es schwieriger. Darum sollten die Bilder mit Gegensätzen auf den Blättern 92 bis 94 benutzt werden, dieses Wort „nicht" zu lernen: „Der Mann ist dick, er ist nicht dünn. Der Mann ist dünn, er ist nicht dick."

Auf dem Blatt 96 sollen kurze Sätze mit den Eigenschaften geschrieben werden, eine leichte Arbeit. Bei den Darstellungen der Gegensätze könnte man die Sätze nach dem obigen Beispiel jeweils auch mit dem Gegenteil niederschreiben lassen: „Die Puppe ist alt, sie ist nicht neu," usw.

Um den Schülern das Wort „nicht" in seiner Bedeutung des Gegenteils einzuprägen, kann der Kursleiter ein kleines Spiel anregen: Alle Schüler stehen im Kreis. Einer zeigt auf einen beliebigen Schüler und fragt: „Ist das Paul?", oder: „Bist du Paul?" und die Antwort lautet: „Nein, ich bin nicht Paul; ich bin Sara."

Bei den Bildern auf dem Arbeitsblatt 95 gibt es keine Gegenteile. Die Bilder für „kaputt" und „krank" sprechen eigentlich für sich. Zur Verdeutlichung kann man für „kaputt" mit beiden Fäusten einen imaginären Stock halten und nach unten zerbrechen. Für „krank" legt man eine Hand auf den Bauch und die andere Hand auf die Stirn und macht ein leidendes Gesicht.

Für „müde" öffnet man weit den Mund und verdeckt diesen ca. 10 cm entfernt mit einer Hand, die man hin und her bewegt- Für „stark" streckt man in Siegerpose beide Arme mit Fäusten hoch in die Luft und schüttelt sie. Für „heiß" hält man einen kleinen Topf in einer Hand und berührt ihn ganz kurz mit einem Finger der anderen Hand. Danach verzieht man das Gesicht schmerzhaft und wedelt mit der Hand zur Kühlung schnell hin und her.

Am schwierigsten ist das Wort „fertig" zu erklären. Das zugehörige Bild kann ja vieles bedeuten: „Das Bild ist schön, der Junge ist stolz, die Mutter bewundert das Bild". Für die Gebärde „fertig" legt man beide Hände mit den Handrücken nach oben vor dem Körper übereinander und führt die Hände ruckartig nach außen.

Noch wichtiger ist, dass man diese Gebärde, selbstverständlich stets mit dem zugehörigen Wort, im Unterricht immer wieder anwendet. Wenn ein Schüler beim Schreiben eine Pause macht, fragt der Kursleiter: „Bist du fertig?" und macht die Gebärde. Oder zum Schluss des Unterrichts heißt es: „Wir sind fertig. Wir gehen nach Hause."

Als Gehörlosenlehrer habe ich diese und andere Gebärden tagtäglich angewandt, ohne nachdenken zu müssen. Doch für andere Lehrer sind diese Zeichen nicht so selbstverständlich. Darum schildere ich sie so ausführlich, dass jeder Kursleiter sie sich vor dem Unterricht einprägen kann. Dann kann er sicher sein, dass ihn alle Schüler richtig verstehen.

c. Arbeitsblätter 97 bis 104

Zuerst werden die neuen Begriffe, die meisten aus der Pflanzenwelt, besprochen und gelernt. Danach erfolgt die Satzbildung auf dem Blatt 99, indem die unterschiedlichen Wörter mit Pfeilen in Beziehung zueinander gestellt werden.

Dabei müssen die Schüler überlegen und miteinander besprechen, ob sich in den Gewächsen und Gärten jeweils nur ein oder viele der Pflanzen rechts auf dem Bogen befinden, wobei meistens das Wort „im" in seiner Bedeutung wiederholt wird.

Bei der Überlegung, ob „ist ein" oder „sind viele" die richtigen Verbindungswörter sind, können die Schüler gelegentlich selbst eine Entscheidung treffen. Bei den Sätzen „Im Baum ist ein Nest" oder „im Baum sind viele Nester" kann ja beides stimmen. Aber der Satz: „Im Baum ist ein Blatt" wäre wohl nur im Winter gerechtfertigt.

Nach der Klärung der richtigen Sätze und dem Sprechen derselben erfolgt das Niederschreiben auf Blatt 100.

Nach dem Erlernen der Namen der auf den Bildern von Blatt 101 und 102 dargestellten Tiere erfolgt die Bildung der Sätze nach einem ähnlichen Prinzip wie bei den Pflanzen.

Hierbei muss nur zwischen „fressen und frisst" unterschieden werden. Dabei werden die Namen der Dinge auf der rechten Seite von Blatt 103 immer in der Mehrzahl gesprochen: „Der Affe frisst Bananen." Den Pfeilen entsprechend werden oft auch in Sätzen die Tiere auf der linken Seite in der Mehrzahl gesprochen: „Pferde, Kühe und Schafe fressen Gräser und Blumen."

Nachdem alle Schüler die richtigen Sätze gesprochen haben, erfolgt auf Blatt 104 die schriftliche Arbeit, wobei zur Erleichterung die Anfangsbuchstaben der Tiere und ihrer Nahrung vorgegeben sind.

d. Arbeitsblätter 105 bis 106

Auf Blatt 105 gibt es 6 Darstellungen neuer Tätigkeiten, in denen für die

Satzbildung viele weitere Wörter eingetragen sind, deren Einstudierung bereits ausführlich geschildert wurde.

Neu ist dagegen die Anwendung der drei Verben „macht ... sauber, steht ... auf, wischt ab". Der einfache Satz: „Die Frau macht sauber" bringt nichts Neues, aber wenn alle im Bild notierten Wörter in den Satz eingeschlossen werden, gibt es einen langen Satz, bei dem das Wort „sauber" ganz am Ende steht: „Die Frau macht mit Besen, Wasser und Staubsauger den Fußboden sauber."

Bei diesem Satz müssen nicht nur die neuen Wörter erklärt, und gesprochen werden, sondern auch die typisch deutsche Art, den Schlussteil des Tätigkeitswortes ganz ans Ende zu stellen.

Diese Satzstellung kann mit dem Verb „steht ... auf" im Raum gut geübt werden: Alle Schüler setzen sich auf Stühle, Tische oder auf den Fußboden. Der Kursleiter gibt den Befehl: „Aishe, steh vom Fußboden auf!" Das Mädchen steht auf und die anderen Schüler sagen: „Aishe steht vom Fußboden auf."

Wegen dieser neuen Schwierigkeit müssen alle Sätze gesprochen und eingeübt werden, bevor die Schüler auf Blatt 106 die Sätze niederschreiben.

Auf Blatt 105 werden für die Satzbildung mehrere neue Wörter verwendet, die eigentlich erst viel später durch Bilder erklärt werden wie „Staubsauger, Fußboden, Geschirr, Lappen" usw.

Diese neuen Wörter müssen zwar erklärt und gesprochen werden; aber sie müssen noch nicht auswendig gelernt werden. Die Satzbildungen sind schon schwierig genug, und die Schüler sollen nicht durch Nebensächlichkeiten überfordert werden.

Sie dürfen die neuen Wörter vorerst wieder vergessen; aber irgendwann später tauchen sie wieder auf, und vielleicht erinnern sich die Schüler dann, dass sie diese Wörter schon einmal kennengelernt haben, und das Einprägen ins Gedächtnis fällt ihnen dann etwas leichter.

Der muttersprachliche Unterricht ahmt die natürliche Sprachentwicklung nach. Wenn Eltern mit ihrem Kleinkind sprechen, sollten sie nicht die Babysprache nachahmen, sondern die korrekte deutsche Sprache sprechen, sonst kann das Kind ja nichts Neues lernen.

Natürlich hört das Kleinkind von seinen Eltern viele unbekannte Wörter oder Satzformen, die es noch nicht versteht; aber es sucht sich die wesentlichen Satzinhalte heraus, und ganz allmählich lernt es durch die vielen Wiederholungen auch die vorerst noch fremden Wörter.

So ähnlich läuft der Unterricht auch beim muttersprachlichen Deutschkurs ab, nur mit dem Unterschied, dass das Einprägen neuer Begriffe bei fremdsprachigen Schülern viel schneller geht. Sie brauchen zum Erlernen neuer Wörter nicht viele Wiederholungen wie ein Kleinkind, sondern sie kennen ja schon alle diese Begriffe und so übersetzen sie die neuen deutschen Wörter gleich still in Gedanken in ihre Muttersprache.

e. Arbeitsblätter 107 bis 109

Die Bilder der Eigenschaftswörter auf Blatt 107 sprechen in ihrer Gegensätzlichkeit für sich ohne lange Erklärungen. Dennoch schreibe ich auch für diese Wörter die natürlichen Gebärden als Hilfe beim Lernen.

Für „spitz" steche ich mit einem Zeigefinger auf den Rücken der anderen Hand. Für „stumpf" zeige ich mit der nach oben offenen Hand langsam eine Rundung.

„Voll" gebärdet man mit der erhobenen Hand in Gesichtshöhe, Handrücken nach oben, und bewegt die Hand langsam waagerecht hin und her, für „leer" legt man in bauchhöhe beide Hände übereinander, Handfläche nach oben und öffnet sie dann langsam seitlich und nach unten.

Bei „lang" gehen beide Hände waagerecht weit nach außen, für „kurz" zeigt man mit beiden Zeigefingern einen ca. 5 cm breiten Abstand.

Für „schnell" schlägt man mit einem Arm schnell von außen nach innen, für „langsam" nimmt man beide gespreizte Hände, Handrücken nach oben, waagerecht vor der Brust und bewegt die Hände langsam von oben nach unten. Für „schwer" hebt man mit beiden Händen, Handfläche nach oben, eine imaginäre Last langsam von der Kniehöhe nach oben und macht dabei ein angestrengtes Gesicht.

Für „schlecht" schlägt man mit einer Hand seitlich schräg nach unten, für „falsch" schiebt man mit einer senkrecht gespreizten Hand,. Handfläche nach außen, das falsche Ergebnis waagerecht weit von sich. Für „gut, richtig" macht man die Gebärde der Lehrerin auf dem Bild oder man hält eine Faust mit erhobenem Daumen nach oben.

Wenn man diese Gebärden zusammen mit der Lautsprache eingeführt hat, kann man aus dem Einüben der Wörter ein kleines Spiel machen: Man zeigt die Gebärde, und die Schüler sagen daraufhin das richtige Wort.

Wichtig ist, dass die Schüler den Unterschied zwischen „schlecht" und „falsch" richtig erkennen. Auf dem Bild für „schlecht" ist die Zuordnung von Bild und Schrift zwar richtig, aber Bild und Schrift sind ganz schlecht geschmiert. Bei „falsch" sind Bilder und Schrift sauber gezeichnet, aber die Zuordnung der Schrift zu den Bildern ist falsch. Darauf muss man die Schüler hinweisen, damit sie nicht beide Begriffe in einen Topf werfen.

Doch wenn alle Schüler die Sätze richtig gesprochen haben, müsste die abschließende schriftliche Arbeit auch gut gelingen. Auf Blatt 109 gehören die ersten drei Satzblöcke zu den gegensätzlichen Eigenschaftswörtern auf Blatt 107, die unteren drei Satzblöcke gehören zu Blatt 108.

f. Arbeitsblätter 110 bis 113

Auf den Blättern 110 und 111 befinden sich die Bilder kleiner Tiere. Nachdem diese Wörter eingeübt wurden, werden sie auf Blatt 112 in Beziehung zu ihrem Lebensraum gebracht.

Dabei müssen die Schüler nicht nur „ist" und „sind" beachten, sondern auch die Verhältniswörter richtig benennen: „Die Ente ist *auf* dem Wasser, der Fisch ist *im* Wasser, der Frosch ist *am* Wasser," wobei der Frosch auch im Wasser sein darf.

Im Zusammenhang mit diesen Bildern können die genannten Verhältniswörter auch gezielt im Klassenverband geübt werden, indem der Kursleiter oder ein Schüler einen bestimmten Gegenstand an verschiedenen Orten ablegt, und die Schüler müssen herausfinden, ob dieser Gegenstand „auf der Fensterbank, im Eimer, am Tisch oder vor der Tür" liegt.

Nachdem alle Sätze von den Schülern richtig gesprochen wurden, werden sie auf Blatt 113 niedergeschrieben. Da die Bedeutung der kleinen Bilder auf der rechten Seite von Blatt 112 vielleicht noch nicht ganz sicher gelernt wurde, werden auch deren Anfangsbuchstaben als Hilfe im Schreibtext genannt.

g. Arbeitsblätter 114 bis 115

Bei diesen neuen Tätigkeitswörtern müssen die Schüler wieder beachten, dass der zweite Teil des Verbs ganz am Ende des Satzes steht. Nach dem Einüben der neuen Wörter und dem Sprechen der Sätze dürfte die Aufgabe nicht mehr so schwer sein, da die Sätze meist recht kurz sind.

Es wäre gut, wenn der Kursleiter demonstriert, dass die beiden Teile der Verben im Infinitiv in umgekehrter Reihenfolge gesprochen werden. Der Lehrer geht zum Lichtschalter und sagt: „Ich will das Licht anmachen, ich mache das Licht an. Ich will das Licht ausmachen, ich mache das Licht aus", und zwischen den beiden Satzteilen betätigt er jeweils den Lichtschalter.

Anschließend geht ein Schüler zum Lichtschalter und spricht diese Sätze, oder die anderen Schüler sprechen: „Sara will das Licht anmachen, Sara macht das Licht an", usw.

h. Arbeitsblätter 116 bis 120

Die Aufgaben werden im Verlauf des Deutschkurses allmählich immer schwerer und länger. Doch es gilt wiederum, dass zwar alle Begriffe, die in die Bilder hineingeschrieben wurden, erklärt und in Sätzen auch gesprochen werden sollten, dass sie aber nicht alle auswendig gelernt werden müssen.

Wegen der Schwierigkeit der Aufgaben wurden auf den Blättern 119 und 120 die Verhältniswörter und die Anfangsbuchstaben der einzelnen Wörter im Schreibtext angegeben.

Für die Auswahl der Personen wurden Berufe und Personengruppen genommen, die die Schüler im Alltag auch erleben können.

Da der Gesamtbereich der in Bildern dargestellten Personen recht groß ist, empfehle ich, für nur jeweils ein Blatt die richtigen Sätze herausfinden und sprechen zu lassen, bevor sie in der schriftlichen Arbeit niedergeschrieben werden.

i. Arbeitsblätter 121 bis 123

Das Blatt 121 war ursprünglich für Erwachsene gedacht. Die bosnischen Flüchtlinge, die ich 1992 für ein Jahr in Deutsch unterrichtete, brauchten für eventuelle Erkrankungen die Namen der Fachärzte und die Namen der dazugehörigen Krankheiten.

Für jüngere Schüler können diese Seiten überschlagen werden. Aber ältere Schüler sollten schon erfahren, welche Ärzte für sie wichtig sein könnten. Das sind in erster Linie die Ärzte, deren Bezeichnung schon den evtl. Krankheitsherd anzeigt: Zahnarzt, Augenarzt, Hals-Nasen-Ohren-Arzt, Hautarzt und Kinderarzt.

Doch auch die anderen Ärzte sollten schon erwähnt werden, und die Krankheiten, für die die Ärzte zuständig sind, sollten wenigstens zum Teil erklärt werden, wenn auch manchmal in vereinfachter Form, z.B. für den Urologen: Wenn Pipimachen weh tut.

Beim Frauenarzt genügt der Hinweis, dass er auf das Wachsen des Babys im Bauch der Mutter aufpasst, es sei denn, die Schüler wären schon Jugendliche. Letztlich muss der Kursleiter entscheiden, wie weit er bei den Krankheiten ins Einzelne gehen will.

Dieses Arbeitsblatt ist nicht als Lerninhalt, sondern eher als ein Ratgeber gedacht. Deshalb sollten hierfür keine Begriffe auswendig gelernt werden. Demzufolge müssen auch keine Sätze erarbeitet werden, da dies bei den vielen Fremdwörtern recht schwer und zeitraubend wäre.

Für die schriftliche Arbeit auf Blatt 122 schlage ich vor, dass der Kursleiter die Sätze vorliest und dabei die unterstrichenen Wörter deutlich hervorhebt. Anhand dieser betonten Wörter, die ja die Krankheiten meinen, kann der ältere Schüler auf den behandelnden Arzt schließen.

Ganz anders ist es beim Blatt 123. Bis auf die unsichtbare Luftröhre können auch jüngere Schüler etwas ausführlicher als in den vorigen Arbeitsheften (Auge, Ohr, Haare) weitere Begriffe am Kopf lernen.

Das Gleiche gilt für die Namen der Finger und Fingernägel, die ja auch schon Kleinkinder lernen. Dabei sollte der Kursleiter auch auf die Bedeutung der Namen (Zeige-, Mittel-, Ring- und kleiner Finger) eingehen.

j. Arbeitsblätter 124 bis 127

Die Blätter 124 und 125 werden nur kurz besprochen: „Ein Tisch, zwei Stühle," usw. Die Kontrolle, ob die genannten Zahlen auf Deutsch auch bekannt sind, erfolgt an Gegenständen im Unterrichtsraum: „Wie viele Tische sind hier?", usw.

Die Erklärung des Zahlsystems auf Blatt 126 ist vom Alter der Schüler abhängig. Bei jüngeren Schülern übt man die Zahlen bis 100 oder vielleicht bis 1000. Aber bei älteren Schülern, die das Zahlsystem in ihrer Muttersprache schon im Kopf haben, können auch die ganz großen Zahlen eingeübt werden.

Die älteren Schüler erarbeiten auch das Blatt 127. Vor dem Schreiben werden alle großen Zahlen von allen Schülern gesprochen. Da wir das Jahr 2000 inzwischen hinter uns haben, ist die Sprechweise „neunzehnhundert …" nicht mehr so wichtig.

Wichtig dagegen ist die typisch deutsche Art, statt „zwanzigeins (twentyone in Englisch) einundzwanzig" zu sagen, und das auch bei großen Zahlen: „Siebenundzwanzigtausend achthundert dreiundsechzig." Diese deutsche Sprechart muss von den Schülern eingeübt werden.

k. Arbeitsblätter 128 bis 131

Beim Einüben der Wörter auf den Blättern 128 und 129 müssen die letzten vier Bilder besonders gründlich besprochen werden. Dass auf einem Bild eine Fabrik dargestellt wird, werden nicht alle Schüler gleich erkennen. Wenn klar ist, dass in einer Fabrik gearbeitet wird, sollten viele Gegenstände genannt werden, die in einer Fabrik hergestellt werden.

Desgleichen muss der Unterschied zwischen Stadt, Dorf und Siedlung geklärt werden, vielleicht durch Luftaufnahmen der unterschiedlichen Wohngebiete, dass Städte nicht nur größer sind als Dörfer, sondern auch eine ganz andere Struktur haben als die bäuerlichen Häuser in einem Dorf. Und Siedlungen befinden sich meist am Rand größerer Städte, und die Häuser sind oft ganz gleichartig gebaut.

Nach dem Erlernen der neuen Begriffe erfolgt auf Blatt 130 die Aufgabe, wo die Männer arbeiten, wobei die Verhältniswörter „in, auf, an, vor" in die Sätze richtig eingesetzt werden müssen.

Erst wenn alle Sätze richtig durchgesprochen sind, erfolgt die schriftliche Arbeit, wobei die Anfangsbuchstaben als Hilfe im Lückentext auf Blatt 131 bereits angegeben sind.

l. Arbeitsblätter 132 bis 133

Das Erlernen der Tätigkeitswörter auf Blatt 132 mit der richtigen Satzbildung sollte nach den vorherigen Übungen keine große Schwierigkeit mehr bereiten.

Bei jüngeren Schülern könnten einige Begriffe noch im Spiel gefestigt werden: „Das Mädchen will für die Mutter die Tür aufmachen, das Mädchen macht für die Mutter die Tür auf." Wenn die Schüler „will die Tür aufmachen" sagen, greift ein Schüler an den Türdrücker, bei „macht die Tür auf" wird sie geöffnet.

Bei dem Wort „aufpassen" muss für die Schüler klar werden, dass nur die Lehrerin aufpasst, während der Junge nicht aufpasst.

Für die schriftliche Arbeit befindet sich das Blatt 133 am Anfang von Arbeitsheft 4.

m. Farbbilder für Arbeitsheft 3

Zum Abschluss der Anleitung für Arbeitsheft 3 notiere ich die Nummern der für dieses Arbeitsheft nötigen 18 Farbbilder, entsprechend den Abkürzungen BS ... (Bildserie) für die Seite der Bildbögen in der Bildserie, und SK ... (Sprachkurs) für die Arbeitsblätter, für die die Bildbögen gedacht sind. Dies erfolgt in der Reihenfolge, in der die Farbbilder für den

Sprachkurs nötig sind.

34. BS 61, SK 90-91	35. BS 79, SK 92-96
36. BS 80, SK 92-96	37. BS 82, SK 92-96
38. BS 85, SK 92-96	39. BS 45, SK 97-100
40. BS 47, SK 101-104	41. BS 64, SK 105-106
42. BS 81, SK 107-109	43. BS 86, SK 108-109
44. BS 50, SK 110-113	45. BS 63, SK 114-115
46. BS 02, SK 116-120	47. BS 03, SK 116-120
48. BS 04, SK 116-120	49. BS 96, SK 124-127
50. BS 38, SK 128-131	51. BS 62, SK 132-133

Arbeitsheft 4

a. Arbeitsblätter 134 bis 143

Zu Beginn werden auf den Blättern 134 und 135 unterschiedliche Räumlichkeiten vorgestellt. Bei dem Bild „Schulklasse"" sollte der Kursleiter darauf hinweisen, dass es sich auf dem Bild um eine kleine Klasse stark schwerhöriger Schüler handelt, da diese Hörhilfen tragen. So werden alle Räume erklärt und die Begriffe von allen Schülern gesprochen.

Doch die eigentliche Arbeit beginnt mit den Vergrößerungen auf den Blättern 136 bis 143. Auf den vergrößerten Bildern der Räume sollen die Schüler herausfinden, welche Gegenstände sich in ihnen befinden.

Da viele dieser Begriffe schon bekannt sind und außerdem die Anfangsbuchstaben vorgegeben sind, werden einfache Wörter Wie „Tisch, Sofa, Fenster" usw. sicher spontan genannt. Bei schwierigeren Begriffen wie z.B. „Tagesdecke" muss der Kursleiter Hilfestellung geben und erklären, dass am Tag, wenn die Sonne scheint, nicht geschlafen wird, und dass deshalb das Bett mit einer Tagesdecke abgedeckt wird.

Wenn alle Wörter in den beiden Bildern „Wohnzimmer" und „Schlafzimmer" benannt und gesprochen wurden, bekommen die Schüler die

Aufgabe, die richtigen Begriffe auf die vorgegebenen Linien zu schreiben.

Als Hilfe stehen die richtigen Wörter alphabetisch geordnet auf dem Arbeitsblatt 139 zur Verfügung. Damit die Auswahl nicht zu leicht wird, sind die Wörter vom Wohnzimmer und Schlafzimmer vermischt.

Auf die gleiche Weise werden auch bei den weiteren vergrößerten Bildern auf den Blättern 137 bis 139 alle passenden Begriffe herausgesucht, erklärt, gesprochen und auf die vorgezeichneten Linien geschrieben. Damit die Aufgabe nicht zu schwer wird, empfehle ich, nur jeweils zwei Räume entsprechend den Blättern 136 bis 138 beschriften zu lassen.

Anders ist es bei den Arbeitsblättern 140 bis 142. Dort gibt es nur wenige Wörter zu finden und zu beschriften; deshalb werden die Wörter dieser Bilder in einer alphabetischen Liste auf Blatt 143 zusammengefasst.

Natürlich sollen die Schüler bei diesen Suchaufgaben, die ihnen sicher Spaß bereiten, möglichst viele Wörter wiedererkennen und neue Wörter lernen.

Aber diese neuen Wörter sollen nicht gepaukt werden; denn dann wäre es mit dem Spaß vorbei. Gemäß dem muttersprachlichen Unterricht werden sicher viele der neuen Wörter wieder vergessen; aber andere bleiben im Gedächtnis, und irgendwann werden die meisten der neuen Wörter wieder auftauchen.

Diese Unterrichtseinheit ist natürlich nicht für eine Arbeitsstunde gedacht, schon gar nicht, wenn zuvor frühere Aufgaben wiederholt werden. Es sollen alle unbekannten Begriffe genau erklärt und gesprochen werden, bevor die schriftliche Arbeit beginnt. Das erfordert bei dieser Unterrichtseinheit sicher mehrere Arbeitsstunden.

b. Arbeitsblätter 144 bis 149

Die neuen Wörter für die Spielsachen auf den Blättern 144 bis 147 werden in der schon oft beschriebenen Weise gesprochen und gelernt.

Alle Spielsachen erscheinen auf dem Blatt 148 verkleinert noch einmal und sollen bestimmten Personen zugeordnet werden, wodurch unterschiedlich lange Sätze entstehen.

Die Bilder auf Blatt 148 erscheinen auf den ersten Blick etwas unübersichtlich. Aber wenn man den gestrichelten oder durchgezogenen Linien folgt, erkennt man die Ordnung.

Die Bilder in der Mitte, auf die viele Pfeile hinzeigen, bedeuten „spielen" und „fahren". So ergeben sich folgende Sätze: „Kleinkinder spielen mit Teddys, Luftballons, Laternen, Dreirädern, Bilderbüchern und in Sandkisten."

Bei den Mädchen zeigen die durchgezogenen Striche auf typische Mädchenspielzeuge. Bei der 3. Aufgabe sind alle Kinder gemeint. Männer und Jungen spielen Fußball. Jungen (und nicht gezeigte Mädchen) fahren Roller und Rollschuh; Erwachsene und Kinder fahren Ski und Schlittschuh.

Wenn alle Sachverhalte geklärt und alle Sätze gesprochen wurden, erfolgt wie immer die schriftliche Aufgabe auf Blatt 149.

c. Arbeitsblätter 150 bis 151

Auf den Bildern „fliegen, fahren, sitzen, schwimmen" sollen die Schüler erfahren, dass auch höchst unterschiedliche Arten von Bewegungen und Sitzen das gleiche Wort haben, wobei auf dem letzten Bild noch unterschieden werden muss „im Wasser" und „auf dem Wasser".

So ergeben sich diesmal außer beim Wort „hüpfen" recht lange Sätze, deren Inhalte beim Sprechen gut im Gedächtnis behalten werden müssen. Nach dem Erarbeiten und Sprechen der Sätze erfolgt wie immer die schriftliche Arbeit auf Blatt 51.

d. Arbeitsblätter 152 bis 162 und 165

Die folgende Unterrichtseinheit umfasst insgesamt 12 Arbeitsblätter. Da sollte es eindeutig sein, dass diese 12 Blätter in mehreren Unterrichtsstunden erarbeitet werden müssen, wie auch in vielen vorherigen Unterrichtseinheiten. Es sollte ja, wie schon erwähnt, zu Beginn jeder Stunde der Inhalt der vorigen Stunde noch einmal wiederholt und der Lernvorgang überprüft werden.

Auf den Arbeitsblättern 152 und 153 sollen Oberbegriffe gelernt werden, die viele einzelne Gegenstände und Personen umfassen. Das wird älteren Schülern keine großen Schwierigkeiten bereiten, da sie die genannten Oberbegriffe bestimmt schon in ihrer eigenen Muttersprache kennen werden und diese entsprechend still übersetzen können.

Nachdem die neuen Begriffe erklärt, gesprochen und gelernt worden sind, beginnt die eigentliche Arbeit, die Zuordnung der vielen Einzelteile zu den Oberbegriffen, und danach das Eintragen der Einzelteile in die vergrößerten Bilder. Gleichzeitig ist dies eine gute Möglichkeit, die Wörter, die früher schon gelernt wurden, noch einmal zu wiederholen.

Dazu wurden die Bilder der 12 Oberbegriffe stark vergrößert, um die zugehörigen einzelnen Bilder klar zu erkennen und deren Wörter hinschreiben zu können.

Die Erarbeitung dieser Aufgabe entspricht weitgehend der Aufgabe, die bei den Wohnräumen bereits durchgeführt wurde. Der Unterschied besteht allerdings darin, dass die Bilder in den einzelnen Räumen nicht ausschließlich diesen zugehörig sein mussten; denn z.B. „Regale" tauchen in mehreren Räumen auf.

Bei den Oberbegriffen besteht diese Ausschließlichkeit aber, und sie muss erklärt, gelernt und eingeübt werden.

Auf jedem Arbeitsblatt sind wieder zwei vergrößerte Bilder. Deren Wörter werden vermischt in einer Wortliste zusammengefasst, damit die Schüler über die Zuordnung nachdenken müssen.

Doch im Unterschied zu den manchmal etwas schwierigen Begriffen bei den Räumen sind die Einzelbilder bei den Oberbegriffen fast alle schon besprochen und hoffentlich gelernt worden. Daher gibt es noch eine Extraaufgabe auf Blatt 162:

Wenn die Aufgaben gut gelernt wurden, sollten die Schüler bei der Zuordnung der Einzelwörter zu den Oberbegriffen auf diesem Blatt eigentlich nur noch im Notfall darauf angewiesen sein, bei den Bildern nachzuschauen.

Zur gedächtnismäßigen Absicherung wird nach der nächsten Unterrichtseinheit diese Aufgabe mit anderen Begriffen auf dem Arbeitsblatt

165 noch einmal wiederholt.

e. Arbeitsblätter 163 bis 164 und 166 bis 169

Auf den folgenden Arbeitsblättern werden 6x3=18 Tätigkeiten dargestellt, deren Erarbeitung den vorherigen Tätigkeiten ähnlich ist, dass sie hier in einem Kapitel zusammengefasst werden.

Auf dem Blatt 163 werden hausfrauliche Arbeiten dargestellt. Den Schülern ist jetzt zuzumuten, auch längere Sätze mit vielen einzelnen Begriffen zu sprechen und nach dem Einüben niederzuschreiben. Bei „abtrocknen" und „Wäsche waschen" müssen die Schüler wieder aufpassen, dass die Wortteile bei der Satzbildung umgetauscht werden: „trocknet ab" und „wäscht Wäsche".

Dasselbe gilt auf Blatt 166 für die Wörter „zubinden" und „stehen bleiben". Das Bild für „reiten" spricht für sich; bei den anderen Begriffen sollte das richtige Bildverständnis überprüft werden, falls notwendig, sollten die Wörter in kurzen Spielszenen inhaltlich geklärt werden.

Das Gleiche gilt für die Begriffe, die auf Blatt 168 bildlich dargestellt werden. Vor allem muss der Unterschied zwischen „rechnen" und „zählen" geklärt werden, notfalls im Spiel so ähnlich wie auf den Bildern gezeigt.

Dasselbe gilt auch bei den Wörtern „nachdenken" und „lernen". Dabei können zwei einfache Gebärden helfen: Für „nachdenken" führt man, wie auf dem Bild schon dargestellt, einen Zeigefinger an die Stirn; dabei lehnt man sich zurück und macht ein nachdenkliches Gesicht. Für „lernen" schlägt man mit drei Fingern leicht seitlich gegen die Stirn; man klopft sozusagen die Lerninhalte in das Gehirn.

Auch bei den Wörtern „zählen" und „rechnen" können einfache Gebärden helfen, den Sinn zu verstehen: Für „zählen" zeigt man an der zunächst geschlossenen Hand, wie ein Finger nach dem anderen nach oben geht, ausgehend vom Daumen bis zum kleinen Finger.

Für „rechnen" zeigt man mit der einen Hand zwei Finger, mit der anderen Hand drei Finger. Dann führt man beide Hände zusammen, und zum Schluss zeigt man die fünf Finger an einer Hand.

Nach dem Erklären folgt das Erarbeiten und Sprechen der Sätze und zum Schluss das Eintragen der Sätze in die Lückentexte.

f. Arbeitsblätter 170 bis 171

Die Bilder für die Eigenschaftswörter „hell – dunkel, nass - trocken" zeigen Gegensätze, die das Verstehen erleichtern. Auf dem Bild für „dunkel" sind die dargestellten Dinge kaum zu erkennen; gemeint sind „Wolke, Baum, Haus".

Wieder können natürliche Gebärden das Verständnis und das folgende Erlernen der Eigenschaftswörter erleichtern.

Für das Wort „hell" führt man beide Hände in Brusthöhe mit den Handrücken aneinander. Dann geht man mit beiden Händen nach oben und seitlich weit auseinander. Für „dunkel" führt man eine hoch erhobene Hand in einem Halbkreis langsam vor dem Gesicht nach unten.

Für „nass" schüttelt man mit einer Hand die Nässe aus den Fingern. Für „trocken" streicht man mit einer Hand langsam im Kreis über den Handrücken der anderen Hand.

Für „tot" führt man die flache Hand an die Kehle und deutet mit einer seitlichen Bewegung das Durchschneiden der Kehle an. Für „leicht" hält man beide Hände, Handteller nach oben, vor den Bauch und führt sie mit schnellen Bewegungen mehrfach nach oben. Natürlich wird beim Zeigen jeder Gebärde das entsprechende Wort laut gesprochen.

Wie schon einmal vorgeschlagen, kann man die Gebärden auch zum Einüben der Tätigkeitswörter verwenden: Man zeigt jeweils eine Gebärde, diesmal ohne Sprechen, und die Schüler sagen das richtige Wort.

Wenn das alle geklärt und eingeübt und in Sätzen gesprochen wurde, dürfte die schriftliche Arbeit keine großen Schwierigkeiten mehr bereiten.

g. Arbeitsblätter 172 bis 175

Für diese Aufgabenreihe wird zuerst das Situationsbild „im Wohnzimmer" gezeigt. Für die Aufgaben danach wurden die einzelnen Bereiche des Wohnzimmers ausgeschnitten und als jeweilige Einzelaufgaben auf den Blättern 173 und 174 nebeneinander gestellt.

Die eine Aufgabe ist das Wiederholen bekannter Begriffe und das Lernen neuer Wörter. Doch die Hauptaufgabe ist anschließend das Einüben mancher recht langer und auch schwieriger Sätze.

Zuerst werden die neuen Begriffe geklärt und eingeübt. Danach versuchen die Schüler, anhand der Wörter Sätze zu bilden, zunächst einfache Sätze wie „Das Mädchen malt an die Tafel." Dann fragt der Kursleiter: „Was malt das Mädchen?" Dann wird der Satz durch „Sonne, Mond, Stern" ergänzt. Letztlich lautet die Frage: „Wo ist das Mädchen?", und die Antwort heißt: „Es steht auf dem Teppich."

Zum Schluss sprechen die Schüler den ganzen langen Satz: „Das Mädchen steht auf dem Teppich und malt eine Sonne, einen Mond und einen Stern an die Tafel."

Wenn alle Sätze erklärt und von allen Schülern gesprochen wurden, kommt die hohe Schule der Gedächtnisleistungen. Die Schüler verdecken die Blätter 173 und 174 und schauen sich wieder das Situationsbild vom Wohnzimmer Blatt 172 an, wo kein Wort geschrieben steht.

Nun fragt der Kursleiter: „Was macht das Mädchen?", und die Schüler müssen die langen Sätze ohne Hilfe der vorher gelesenen Wörter finden. Das wird bei den längeren Sätzen nicht ganz ohne Hilfe gehen.

Es ist dies sicher keine Aufgabe für nur eine Schulstunde, schon gar nicht, wenn die Schüler nach der langen Vorbereitung die vielen schwierigen Sätze auf Bogen 175 schreiben sollen. Doch mit mehr Zeit und etwas Hilfe sollten die Schüler es schon schaffen.

h. Arbeitsblätter 176 bis 177

Die Darstellungen von Tätigkeiten auf Blatt 176 sind nicht allzu schwierig, und die Aufgabenstellung ist schon oft beschrieben worden. Die Sätze sind relativ kurz und sollten keine großen Schwierigkeiten bereiten. Nach dem Sprechen der Sätze werden die Antworten auf das Arbeitsblatt 177 geschrieben, das sich im nächsten Arbeitsheft befindet.

i. Probleme der Aufnahme in die Klassen

Wenn Schulkinder diese ersten vier Arbeitshefte durchgearbeitet haben, könnte man bei gutbegabten Schülern versuchen, sie in ihre altersgemäßen Klassen teilweise oder ganz einzugliedern. Sie verstehen jetzt einfache Sätze und können einfache Fragen beantworten. Sie verstehen auch die Anweisungen der Lehrer und Lehrerinnen und wissen, was sie wann zu tun haben.

Dennoch sollte der Sprachkurs unbedingt weiter durchgeführt werden. Die fremdsprachigen Schüler könnten jetzt vielleicht ohne große Probleme am Sportunterricht teilnehmen, vielleicht auch in der Kunsterziehung, eventuell sogar in der Mathematik.

Aber in allen anderen Fächern, in denen Unterrichtsinhalte eng an die deutsche Sprache gebunden sind, wie im Deutschunterricht, aber auch in Sachkundefächern wie Geschichte, Erdkunde und Biologie brauchen diese Schüler weiterhin intensive Hilfe.

Je nach Leistungen der einzelnen Schüler ergeben sich drei Möglichkeiten: 1. Der Schüler bleibt auch weiterhin ausschließlich in der sprachlichen Fördergruppe.

2. Der Schüler nimmt in den Fächern, in denen er sich bereits verständigen kann wie beim Turnen, Kunstunterricht und vielleicht Mathematik schon am Unterricht seiner künftigen Klasse teil.

3. Ein sehr intelligenter und fleißiger Schüler nimmt versuchsweise am gesamten Unterricht seiner altersgemäßen Klasse teil.

Aber nach dem Unterricht braucht er dann durch einen sehr engagierten Lehrer eine doppelte Förderung: Er arbeitet nachmittags nach Schulschluss im Sprachkurs auch die weiteren Arbeitshefte durch, und zusätzlich bekommt er Hilfe bei seinen Schulaufgaben. Aber welcher Schüler und welcher Lehrer kann eine solche Doppelbelastung durchhalten?

Das sind alles sehr schwierige Entscheidungen, die in ausführlichen Gesprächen zwischen dem Kursleiter und dem künftigen Klassenlehrer geklärt werden müssen, vielleicht auch nach Leistungstest in Deutsch durch den Klassenlehrer. Als Außenstehender kann ich dazu keine Empfehlungen geben außer dem Hinweis, dass der Sprachkurs auf jeden Fall weitergeführt werden muss.

Und auf keinen Fall darf es eine bittere Enttäuschung bei einem Schüler durch eine zu frühe Eingliederung in seine künftige Klasse geben. Das wäre verhängnisvoll für seine ganze weitere Eingliederung.

j. Farbbilder für Arbeitsheft 4

Zum Abschluss der Anleitung für Arbeitsheft 4 notiere ich die Nummern der für dieses Arbeitsheft nötigen Farbbilder, entsprechend den Abkürzungen BS ... (Bildserie) für die Seiten der Bildbögen in der Bildserie, und SK... (Sprachkurs) für die Arbeitsblätter, für die die Bildbögen gedacht sind. Dies erfolgt in der Reihenfolge, in der die Farbbilder für den Sprachkurs nötig sind.

52. BS 36, SK 134-135
53. BS 27, SK 144-145
54. BS 28, SK 146-147
55. BS 65, SK 150
56. BS 55, SK 152-153
57. BS 67, SK 163
58. BS 66, SK 166
59. BS 68, SK 168
60. BS 87, SK 170
61. BS 97, SK 172
62. BS 70, SK 176

Arbeitsheft 5

a. Arbeitsblätter 178 bis 181:

Die Arbeitsweise dieses Unterkapitels entspricht im Wesentlichen der Beschreibung der Arbeitsblätter 172 bis 175.

Zu Beginn beschauen wir das Blatt 178 „im Kinderzimmer" und wiederholen alle bekannten Wörter der Dinge, die dort gezeigt werden. Danach werden die noch unbekannten Wörter gesprochen und gelernt.

Die ausgeschnittenen Teilbereiche des Kinderzimmers A bis I auf den

Blättern 179 und 180 dienen der Satzbildung und dem beiläufigen Wiederholen der Verhältniswörter. So müssen die Schüler bei Bild E vom Kleiderschrank erkennen, ob sich die Dinge dort auf, an oder unter dem Schrank befinden.

Durch Fragen: „Wo ist die Mutter?" und „Was macht die Mutter?" werden von den Schülern zunächst einfache Sätze gebildet, die dann zu einem längeren Satz zusammengefasst werden. „Die Mutter steht an der Tür und macht das Licht an."

Das Gleiche gilt bei Nr. C: „Der Junge sitzt auf dem Bett und zieht die Hose an." Die anderen Sätze sind in der Aufzählung der Dinge, die sich dort befinden, etwas leichter zu bilden. Da der Ausdruck bei Schrank, Teppich und Hocker etwas zu dunkel geworden ist, kann das farbige Bild „im Kinderzimmer" aus der Bildserie für ein klareres Erkennen der Dinge hilfreich sein.

Am Ende werden alle Sätze in voller Länge von den Schülern noch einmal gesprochen, bevor sie auf Blatt 181 niedergeschrieben werden.

In einer späteren Wiederholung wird nur das Blatt 178 „Im Kinderzimmer" aufgeschlagen, und die Schüler sagen den Fragen des Kursleiters entsprechend die richtigen Sätze aus dem Kopf ohne die Hilfe der vielen geschriebenen Wörter auf den Blättern 179 und 180.

b. Arbeitsblätter 182 und 183

Bei diesen Tätigkeitswörtern müssen die Schüler bei den Bildern „helfen" und „Zahne putzen" beachten, die Mehrzahl zu benutzen, da ja jeweils zwei Personen dasselbe tun.

Bei „Zähne putzen" und „Schuhe putzen" müssen die Schüler sich erinnern, dass in der deutschen Redeweise die Wörter „Zähne" und „Schuhe" erst ganz am Ende eines vielleicht sehr langen Satzes zu stehen kommen.

Bei dem sehr langen Satz mit „Zähne putzen" sollten die Satzteile stückweise zusammengesetzt werden, zuerst mit der Frage: „Was machen der Junge und das Mädchen?" „Der Junge und das Mädchen putzen sich die Zähne". Danach kommen die Fragen: „Wo putzen sie sich die Zähne" und

„womit putzen sie sich die Zähne". So wird der Satz allmählich zur vollen Länge aufgebaut.

Nachdem alle Sätze von den Schülern richtig gesprochen wurden, erfolgt die schriftliche Arbeit auf Bogen 183.

c. Arbeitsblätter 184 bis 186

Dieses Unterkapitel beschäftigt sich mit der Frage: „Wann?" Die natürliche Gebärde dazu: Man zeigt mit dem Finger auf die Armbanduhr, hebt anschließend die Schultern hoch, breitet beide Arme, Handflächen nach oben, von der Mitte zur Seite und macht ein fragendes Gesicht.

Die Frage „wann?" kann man natürlich mit einer Vielzahl unterschiedlicher Sätze kombinieren, und dies soll auch geschehen, um die Vielseitigkeit einzuüben.

Die Fragen und Antworten habe ich seinerzeit für die bosnischen Flüchtlinge zusammengestellt, die Erwachsene und Jugendliche waren. Sie haben mit etwas Hilfe auch alle Fragen verstanden, eine Voraussetzung für diese Aufgabe.

Die Antworten frei zu gestalten, wäre für diese Personen viel zu schwierig gewesen; aber sie aus der Fülle von Beispielen herauszufinden, schafften sie, und es machte ihnen Spaß. Natürlich gibt es für manche Fragen auch unterschiedliche Möglichkeiten für Antworten, diese Freiheit blieb ihnen.

Nach Besprechung aller Fragen und Antworten war die schriftliche Aufgabe, die richtigen Kurzantworten direkt unter die Fragen auf den Blättern 184 und 185 zu schreiben.

Normalerweise lege ich Wert darauf, dass auf Fragen in richtigen und vollständigen Sätzen geantwortet wird. Doch darf dies nicht unnatürlich wirken. Auf die Frage: „Wann kommst du nach Hause?", wird kaum jemand sagen: „Ich komme um 8 Uhr nach Hause", sondern meist knapp: „um 8 Uhr". Diesem Prinzip folgen die Kurzantworten.

Erwachsene fast aller Kulturgruppen werden wissen, wann Christi Geburt war, jüngere Schüler aber nicht. Deshalb sind diese Fragen oft für Erwachsene gedacht. Für Grundschüler sollte der Kursleiter eine leichtere

Auswahl an Fragen treffen oder dieses Unterkapitel später durchnehmen, wenn das Sprachverständnis noch besser geworden ist.

d. Arbeitsblätter 187 bis 191

Das Situationsbild „in der Küche" wurde auf den Blättern 64 und 65 schon einmal gezeigt und besprochen. Damals war die Aufgabe noch relativ leicht und kurz, weil nur eine Reihe von Gegenständen ihrem Aufenthaltsort zugeordnet werden sollte.

Diesmal ist die Aufgabe durch Aufteilung des Situationsbildes sehr viel umfangreicher und schwieriger. Eine Fülle von Begriffen muss wiederholt oder neu erklärt werden. Am Beispiel I, Oma an der Spüle, soll gezeigt werden, wie die Schüler die Aufgaben lösen können.

Zuerst werden alle Begriffe wiederholt oder neu erklärt. „Teller, Tassen, Eimer und Bürste" sollten bekannt sein. Das Wort „Warmwasserspeicher" sollte erklärt werden, dass dort warmes Wasser zum Spülen des Geschirrs aufbewahrt, gespeichert wird. Doch dies ist kein Begriff, der auswendig gelernt werden muss. Genauso sollten „die Spüle und spülen" erklärt und unterschieden werden.

Danach kommt der schrittweise Aufbau des langen Satzes. „Was macht die Großmutter? Sie spült einen Teller." „Womit spült sie den Teller? Mit der Bürste." „Wo ist die Großmutter? Sie steht an der Spüle." Danach werden die Satzteile zusammengesetzt: „Die Großmutter steht an der Spüle und spült einen Teller mit der Bürste."

Der Kursleiter sollte sich vor dem Unterricht die geplanten Satzformen auf den Blättern 190 und 191 genau anschauen, damit er beim Unterricht nicht in Verlegenheit gerät.

Natürlich könnte man auch andere Satzformen aus den Bildern entwickeln, doch zum völlig freien Gestalten von Sätzen sind die Schüler auf dieser Ebene noch nicht in der Lage, sie brauchen noch die vorgegebenen Satzformen.

Dies wird sich auch bei den späteren Aufgaben noch nicht ändern. Gemäß dem muttersprachlichen Unterricht werden durch die stete Wiederholung unterschiedlicher Satzformen allmählich die richtigen Satzstrukturen gefühlsmäßig in das Gedächtnis der Schüler eindringen, genauso die als Hilfen vorgedruckten Umformungen der Artikel und Verhältniswörter.

Das normale Kleinkind prägt sich beim Spracherwerb die richtigen Sprachformen auch gefühlsmäßig ins Gedächtnis, ohne bewusst darüber nachdenken zu müssen.

Die Fülle der Aufgaben, die sich aus dem genauen Betrachten des Bildes „in der Küche" ergeben, macht deutlich, dass diese Unterrichtseinheit nicht in ein bis zwei Stunden zu schaffen ist. Gegen Ende der Stunde sollten daher die bisher erarbeiteten Inhalte gleich niedergeschrieben werden.

Zu Beginn der nächsten Stunde sollten die bisher gelernten Inhalte nur kurz wieder aufgefrischt werden. Es sollte auf keinen Fall ein System des Einpaukens entstehen, das nur zur Unlust führt. Der Schüler muss Freude an der Arbeit behalten, und was er jetzt vielleicht wieder vergisst, wird ein anderes Mal neu angesprochen.

e. Arbeitsblätter 192 bis 196

Für die Erarbeitung der Blätter 192 und 193 bringt der Kursleiter einen großen Monatskalender mit, auf dem die Zahlen deutlich zu erkennen sind.

Diese Aufgaben sind eigentlich für etwas ältere Schüler gedacht, die Monate, Wochentage, Jahreszeiten und Tageszeiten in ihrer Heimatsprache bereits kennen, so dass nur noch eine stille Übersetzung aus ihrer Heimatsprache ins Deutsche nötig ist.

Für jüngere Schüler, die die Daten noch nicht kennen, müssten z.B. die Monatsnamen etwas mühsam erarbeitet werden, damit sie verstehen, was die Wörter bedeuten sollen. Darauf sollte man gegebenenfalls verzichten. Dagegen dürften auch bei ihnen die Wochentage in ihrer Heimatsprache bekannt sein, vielleicht auch die Tageszeiten. Für die Klarstellung der Jahreszeiten können die Bogen 137 bis 140 aus der farbigen Bildserie eine gute Hilfe sein.

Die Datumsangaben auf Blatt 193 werden zuerst gesprochen und dann dem Beispiel gemäß geschrieben. Danach wird gemeinsam überlegt, welche Tageszeiten den angegebenen Uhrzeiten entsprechen, und welche Monate den Jahreszeiten. Bei der schriftlichen Arbeit muss darauf geachtet werden, dass es bei der Nacht abweichend „in der Nacht" heißen muss.

Die Uhrzeiten sollten auch jüngeren Schülern aus ihrer Heimat bekannt sein. Der Kursleiter bringt am besten eine etwas größere Uhr mit, und nachdem die Uhrzeiten auf Blatt 194 besprochen wurden, stellt der Kursleiter auf seiner Uhr unterschiedliche Zeiten ein und lässt sie von seinen Schülern benennen, bis die Angaben sicher sind.

Zur genaueren Abgrenzung der Uhrzeiten sollten auch die Begriffe „kurz vor" und „kurz nach" eingeführt werden. Bei älteren Schülern sollten auch die amtlichen Uhrzeiten „9.45 = neun Uhr fünfundvierzig" eingeführt werden.

Die Aufgaben auf den Blättern 195 und 196 sprechen ohne Erklärungen für sich.

f. Arbeitsblätter 197 bis 200

Das Erlernen neuer Tätigkeiten und das Einbinden dieser Wörter in Sätze wurden schon mehrfach geschildert. Zum Verständnis der Tätigkeiten können folgende natürliche Gebärden eine Hilfe sein: Für „vergessen" führt man eine flache Hand an die Stirn und hebt sie schnell seitlich nach oben. Für „warten" hält man beide Hände gespreizt, Handrücken nach oben, vor den Körper und bewegt sie ganz langsam etwas nach unten und nach oben. Für „wollen" schlägt man mit der Faust schnell nach unten. Für „müssen" hebt man einen Arm nach oben, Zeigefinger gestreckt, und bewegt den Finger mahnend hin und her. Für „küssen" führt man beide Hände mit den spitzen Fingern nach vorne zusammen, dass die Fingerspitzen sich berühren, dazu macht man einen Kussmund. Für „verlieren" hält man eine Hand, Handfläche nach oben, seitlich neben den Körper und führt sie nach unten und hinten. Die anderen Tätigkeiten sind leicht zu zeigen.

Bei der Satzbildung müssen die Schüler beachten, dass bei „warten, tauschen, küssen und streicheln" die Tätigkeiten in der Mehrzahl stehen, und bei „zudecken", dass das Wortteil „zu" ganz am Ende des Satzes stehen muss.

g. Arbeitsblatt 201

Dieses Arbeitsblatt ist recht schwierig, vor allem für jüngere Schüler. Es führt in die Fragewörter ein: „wann, seit wann = ab wann, bis wann und wie lange". Es ist vorerst nur eine Einführung zum Verständnis dieser Fragewörter, noch ohne schriftliche Aufgaben, die erst gegen Ende des Arbeitsheftes gestellt werden. Vorerst sollen die Fragen nur mündlich beantwortet werden. Für jüngere Schüler kann diese Seite erst einmal überschlagen werden.

Die bosnischen Flüchtlinge, Erwachsene und Jugendliche, haben seinerzeit diese Sätze verstanden. Voraussetzung dafür ist die Grafik am oberen Rand des Blattes. Es wäre sehr wünschenswert, wenn der Kursleiter diese Grafik vor dem Unterrichtsbeginn recht groß auf eine Tafel oder auf einen großen Bogen Papier nachzeichnen könnte.

Entscheidend für das Verständnis sind die Punkte und Striche über und unter der Jahresleiste; diese könnte an der Tafel neuere Jahreszahlen erhalten.

Die Antwort auf die Frage „wann?" wird auf der Jahresleiste durch Punkte dargestellt. Die Gebärde dazu ist das punktförmige Zeigen auf die Uhr mit dem ausgestreckten Zeigefinger.

Die Antwort auf die Frage „bis wann?" zeigt eine Strecke über der Jahresleiste bis zu einem Datum, an dem die Strecke durch einen senkrechten Strich abgeschlossen wird. Als Gebärde dazu hält man eine Hand senkrecht vor dem Körper und führt mit der anderen Hand, die Finger gespitzt, einen unsichtbaren Zeitfaden bis zu der senkrechten Hand.

Die Antwort auf die Frage „seit wann?" zeigt eine Linie unter der Jahresleiste, die von einem bestimmten Datum aus, das durch einen senkrechten Strich gekennzeichnet ist, in die Zukunft führt. Als Gebärde dazu zeigt eine senkrechte Hand vor dem Körper den Beginn der Zeit, von wo aus die andere gespitzte Hand einen unsichtbaren Faden in die Zukunft zieht.

Die Antwort auf die Frage „wie lange?" zeigt unter der Jahresleiste eine Strecke, die beidseitig durch senkrechte Striche begrenzt wird. Als Gebärde dazu hält man eine Hand vor dem Körper und zieht mit der anderen gespitzten Hand einen unsichtbaren Zeitfaden eine kurze Strecke zur Seite, danach stellt man auch die zweite Hand senkrecht für eine beidseitige Begrenzung.

Das klingt alles recht kompliziert, erleichtert aber ein Verständnis dieser abstrakten Begriffe, wenn die Zeichen zu den Wörtern korrekt durchgeführt werden. Das sollte der Kursleiter vorher etwas üben, bis er es sicher darstellen kann.

Bei den Fragen, die ja immer mit einem Fragewort beginnen, zeigt der Kursleiter zu Beginn eines jeden Satzes die Gebärde, damit der Satz richtig verstanden werden kann. Die Antwort kann dann, der Logik der Frage entsprechend, von einem Schüler gegeben werden oder vom Kursleiter, wenn eine freie Antwort zurzeit noch zu schwierig sein sollte.

Ein Grundsatz gilt für alle natürlichen Gebärden, die ich bisher eingeführt habe: Sie sollten alle nur zum Verständnis eines neuen Begriffes eingesetzt werden. Zeigen die Schüler durch richtige Fragestellungen und Antworten, dass sie die Bedeutung des neuen Begriffes verstanden haben, sollten die Gebärden nicht mehr angewendet werden; schließlich sind die Schüler ja nicht gehörlos.

Der Kursleiter kann sich aus den 22 Fragen diejenigen heraussuchen, die am besten zur Situation der Gruppe passen, oder er denkt sich andere Fragen aus. Vielleicht kann auch ein Schüler eine einfache Frage mit diesen Fragewörtern stellen und von anderen beantworten lassen.

Auf jeden Fall soll diese Seite nur eine Einführung in die Fragewörter sein, die später im Arbeitsheft noch schriftlich eingeübt werden.

h. Arbeitsblätter 202 bis 206

Die Arbeit mit diesen Blättern zum Thema „im Bad" entspricht in allen wesentlichen Dingen den bereits erarbeiteten Blättern 187 bis 191 zum Thema „in der Küche". In dieser Beschreibung werden die wesentlichen Punkte nur kurz angesprochen, im Zweifelsfall kann man auf die Hinweise zum Thema „in der Küche" zurückgreifen.

Zunächst werden auf Blatt 202 alle auf dem Bild „im Bad" befindlichen Gegenstände benannt und wiederholt. Danach werden auf den Blättern 203 und 204 zu den einzelnen Bereichen zunächst einfache, kurze Sätze gebildet, die durch gezielte Fragen des Kursleiters zu langen Sätzen werden.

Dabei kommt es auf die Satzbildung und auf das Verstehen der Satzinhalte an, nicht auf das Erlernen aller Wörter wie z.B. „Abflussrohr". Vokabeln sollen nicht gepaukt werden.

Der Kursleiter sollte sich auf den Blättern 205 und 206 die Lückentexte vor dem Unterricht anschauen, um den Schülern richtig helfen zu können.

Nicht alle der zahlreichen neuen Wörter werden in einen langen Satz untergebracht. Bei Bildteil D „Toilette" werden außer dem Satz mit dem Wort „Toilettenbecken" mit den Anfangsworten „über, neben, vor" noch drei weitere Sätze gebildet, die nicht so lang und schwierig zu bilden sind.

Es sollten nicht alle Bildteile A bis J in einer Unterrichtsstunde besprochen und geschrieben werden, um die Schüler nicht zu überfordern.

i. Arbeitsblätter 207 bis 212

Die Satzbildung mit neuen Tätigkeitswörtern wurde schon oft besprochen, so dass bei den folgenden Aufgaben nur noch einige Hinweise nötig sind, die meist dem sicheren Verständnis der neuen Wörter gelten.

Viele der Bilder von Tätigkeiten sprechen für sich. Auf Blatt 207 sollte auf die unterschiedliche Bedeutung der Wörter „naschen" und „probieren" hingewiesen werden. Als Gebärde für „naschen" hält man wie auf dem Bild ein unsichtbares Glas in einer Hand und steckt den ausgestreckten Zeigefinder der anderen Hand in das Glas und führt den Finger dann den Mund entlang. Für „probieren" hält man einen unsichtbaren Löffel seitlich am Mund und macht mit Lippen und Zunge einige Bewegungen zum Schmecken.

Zur Klärung des Wortes „riechen" wedelt man mit einer senkrechten

Hand den Duft mit leichten Bewegungen der Hand zu der Nase. Für „schwitzen" wischt man sich mit einer Hand den Schweiß von der Stirn und schüttelt danach die Schweißtropfen von der Hand. Für „frieren" hält man beide Unterarme senkrecht vor der Brust, die Hände zu Fäusten, und schüttelt die Unterarme.

Für „rufen" hält man sich wie auf dem Bild beide Hände neben dem Mund. Für „loben" klopft man sich mit einer Hand mehrfach leicht auf die Schulter der anderen Körperseite. Für „sich unterhalten" bewegt man beide Hände abwechselnd in Brusthöhe hin und her. Für „danken" gibt man sich selbst die Hände und bewegt sie in Brusthöhe langsam hin und her. Für „lügen" deutet man mit zwei Zeigefingern, die sich vor dem Mund hin und her bewegen, das Sprechen an und macht danach eine abfällige Bewegung mit einer Hand nach unten.

Das alles sind natürliche Gebärden. Gehörlose haben eine künstliche Gebärde für „lügen": Sie bewegen einen gekrümmten Zeigefinger am Mund hin und her und machen dabei ein finsteres Gesicht; die Lüge kommt als krumme Rede aus dem Mund. Doch das ist für Außenstehende nicht leicht zu erkennen.

Der Sinn der dargestellten Tätigkeiten auf Blatt 211 ist leicht zu erkennen und braucht deshalb keine extra Erklärung. Mit dem Schreiben der Sätze in die vorgegebenen Lückentexte ist die Arbeit abgeschlossen.

j. Arbeitsblätter 213 bis 220

Gegen Ende von Arbeitsheft 5 muss noch etwas Grammatik geübt werden. Auch wenn das Anwenden der Wörter in den verschiedenen Fällen bei der Satzbildung noch zu schwer ist, sollten die Schüler wissen, dass es vier Fälle gibt, und dass es statt „die Frau" im Genitiv und Dativ auch mal „der Frau" heißen kann, ohne dass die Frau dadurch männlich wird, und sie sollten erfahren, dass in der Mehrzahl bei den Personen die Unterschiede in den Geschlechtern männlich, weiblich und sächlich wegfallen.

Die Schüler sollten auch noch daran erinnert werden, dass abweichend von den meisten anderen Sprachen sogar Gegenstände ein „grammatikalisches Geschlecht" haben und sich demzufolge in den vier Fällen unterschiedlich verändern.

Das Blatt 213 ist für Ausländer schwierig zu verstehen, und der Inhalt sollte nicht stur auswendig gelernt werden. Aber der Kursleiter sollte immer wieder auf die vier Fälle aufmerksam machen und die Schüler am Anfang einer Stunde die drei Geschlechter „der Mann, die Frau, das Kind" kurz deklinieren lassen.

Dennoch ist es für viele Schüler noch ein weiter Weg bis zum Sprechen korrekt deklinierter Wörter, und deshalb wird es auch weiterhin Lückentexte mit den richtigen Artikeln geben. Ein Schüler, der die Deklination schon sicher kann, braucht sich an den Formvorgaben der Sätze nicht zu stören; und der Schüler, der mit dem fehlerlosen freien Gestalten von Sätzen noch Probleme hat, soll lieber noch eine Zeitlang sicher geführt werden, anstatt dass er sich ein fehlerhaftes Sprechen angewöhnt.

Auf den Blättern 214 bis 216 werden die Wörter „wo, woher, wohin" in Sätzen eingeübt. Die Skizze oben auf Blatt 214 zeigt „wo" als einen Punkt, „woher" als eine Linie aus der Vergangenheit bis zum Standort, und „wohin" als eine Linie vom eigenen Standort weg.

Zu Beginn sind die Aufgaben noch leicht zu lösen; denn zu jeder Frage gibt es mehrere richtige Antworten zum Aussuchen. Auf die Frage: „Wo bist du?" gibt es fünf verschiedene richtige Antworten von „im Haus" bis „in einem Laden". In einem Gespräch kann man gemeinsam überlegen, welche Antwort wohl am besten ist, die dann auf Blatt 216 niedergeschrieben wird.

Auf den Blättern 217 und 218 wird es dann richtig schwer, aber auch spannend, wenn gemeinsam die richtige Antwort herausgefunden werden muss; denn die richtigen Antworten auf Blatt 218 sind durcheinander gemischt. Außerdem werden in den Fragen alle bisher gelernten Fragewörter benutzt: „wann, seit wann, bis wann, wie lange, wo, woher, wohin".

Der Schüler muss die Frage: „Wann fährt die letzte S-Bahn?" schon gut verstanden haben, wenn er die richtige Antwort „um 0.30 Uhr" finden will. So sind diese letzten Aufgaben auch als ein lustiges Spiel geeignet.

k. Arbeitsblätter 219 une 220

Die auf Blatt 219 dargestellten sportlichen Tätigkeiten sprechen alle ohne

Erklärungen für sich, und auch die Satzbildungen, zuerst mündlich, dann schriftlich, dürften den Schülern nicht schwerfallen.

l. Farbbilder für Arbeitsheft 5

Zum Abschluss der Arbeitsanleitung für Arbeitsheft 5 notiere ich die Nummern der für dieses Arbeitsheft nötigen Farbbilder aus der Hamburger Bildserie zur Sprachförderung, entsprechend den Abkürzungen BS--- (Bildserie) für die Seiten der Bildbögen in der Bildserie, und SK..... (Sprachkurs) für die Arbeitsblätter, für die die Bildbögen gedacht sind. Dies erfolgt in der Reihenfolge, in der die Farbbilder für den Sprachkurs nötig sind.

BS 98, SK 178   BS 72, SK 182
BS 78, SK 197   BS 77, SK 199
BS 76, SK 207   BS 75, SK 209
BS 73, SK 211   BS 69, SK 219

Arbeitsheft 6

a. Arbeitsblätter 221 bis 227

Im Arbeitsheft 5 lag ein Schwergewicht bei den Tätigkeitswörtern. In diesem Arbeitsheft liegt es bei den Hauptwörtern, zuerst bei der allgemeinen Erweiterung der Vokabeln, später bei den manchmal etwas schwierig zu erklärenden abstrakten Hauptwörtern.

Bei den Hauptwörtern sprechen die Bilder meistens für sich ohne weitere Erklärungen. Dennoch ist es gut, wenn diese Vokabeln nicht einfach auswendig gelernt werden, sondern immer mit einem Satz verbunden werden, z.B. auf Blatt 221: „Auf dem Berg steht ein Turm. Auf dem Fluss fahren ein Ruderboot und ein Segelboot. Im Nebel kann man nur etwas von der Kirche und den Bäumen sehen."

Im Idealfall finden die Schüler solche einfachen Sätze selber oder mit etwas Hilfe des Kursleiters. Wenn eine Reihe solcher Sätze erarbeitet wurden, könnten die Schüler versuchen, diese Sätze auf einem extra Bogen

Papier niederzuschreiben.

Wenn ein Bild nicht ganz eindeutig erscheint, können solche Sätze auch den Inhalt des Bildes erklären, wie unten auf Blatt 221: „Alle Blätter am Baum sind das Laub. Im Herbst fällt das Laub auf die Erde."

Weitere Beispiele aus den anderen Blättern: „Das Auto fährt in einem Tunnel durch einen Berg. Der Traktor zieht einen Wagen. Die Dusche hat zwei Wasserhähne, einen Duschkopf, eine Wanne und einen Vorhang."

Diesen letzten langen Satz können die Schüler nicht allein bilden; da muss der Kursleiter helfen. Aber sie können den langen Satz verstehen, weil der Kursleiter ihnen die neuen fremden Wörter wie „Duschkopf" zeigen und erklären kann.

b. Arbeitsblätter 228 und 229

Zu Beginn muss der Kursleiter erklären, dass „warum, weshalb, wieso" unterschiedliche Ausdrücke für dieselbe Fragestellung sind.

Mögliche Antworten auf die 14 Fragen sind in der gleichen Reihenfolge auf Blatt 229 vorgegeben. Vorerst sind die Aufgaben leicht, erst etwas später wird es schwieriger. Nach der Besprechung der möglichen Antworten sucht sich der Schüler jeweils eine Antwort aus und schreibt sie unter die Fragen auf Blatt 228.

Die Vielzahl der Antworten soll den Schülern zeigen, dass die gleiche Frage viele Möglichkeiten zur Antwort bietet, je nach der Lage der Dinge. Darum sollte jede dieser Antworten genau besprochen und der Inhalt geklärt werden. Im Idealfall finden die Schüler eigene Antworten auf die Fragen.

c. Arbeitsblätter 230 bis 233

Die Arbeitsweise mit den Bildern unterschiedlicher Tätigkeiten wurde im vorigen Arbeitsheft mehrfach erklärt, so dass eine Wiederholung nicht nötig ist. Alle Bilder sprechen für sich, und die Sätze sind nach einer vorherigen Besprechung nicht allzu schwierig zu bilden.

d. Arbeitsblätter 234 und 235

Die Aufgaben dieser beiden Seiten sind recht schwer zu lösen, weil alle bisher durchgenommenen Fragewörter in den 27 Fragen enthalten sind. Die kurzen Antworten sind durcheinander gemischt. So ergibt sich hier ein spannendes Suchspiel, welche Antwort auf eine bestimmte Frage am besten passt.

Diese Antworten werden in der Gruppengemeinschaft gesucht und gefunden. Der Kursleiter sollte sich Fragen und Antworten vorher zu Hause anschauen, weil manchmal zwei oder drei Antworten möglich sind, aber nur eine ist die beste Antwort.

Erst nachdem alle Fragen und Antworten gefunden und zuletzt noch einmal gemeinsam gesprochen wurden, schreiben die Schüler die jeweils beste Antwort hinter die entsprechende Frage.

Es ist für die Schüler ein großer Unterschied, einen Satz zu verstehen oder selbst zu formen. Verstehen ist relativ leicht, im richtigen Deutsch einen längeren Satz zu bilden, ist schwer.

Das Gleiche sehen wir ja in der natürlichen Sprachentwicklung eines Kleinkindes. Wenn ein Kind von zwei Jahren nur wenige Worte spricht, muss dies kein Alarmzeichen für eine verzögerte Sprachentwicklung sein.

Entscheidend für den Sprachaufbau im Gehirn des Kleinkindes ist das Verständnis der Sprache. Wenn das Kind die Sätze der Eltern versteht und entsprechend danach handelt, wird meistens alles in Ordnung sein.

So kann der Kursleiter auch zu seinen fremdsprachigen Schülern längere Sätze sagen; er muss nur kontrollieren, ob diese Sätze auch von allen Schülern richtig verstanden werden. Er muss aber nicht erwarten, dass sie schwierigere Sätze schon selbst formulieren können.

e. Arbeitsblätter 236 bis 240

Das Bild zum Thema „Beim Essen" bietet im Vergleich zu den Aufgaben vorheriger Situationsbilder keine großen Schwierigkeiten, da es recht übersichtlich ist und weil die Vorgehensweise schon oft beschrieben wurde.

Noch einmal ein Beispiel beim Bildteil C: Die Sätze werden zunächst ganz einfach gestaltet und gesprochen: „Die Großmutter schaut auf die Schüssel voll Suppe. Sie sitzt am Tisch. Sie hat eine Serviette in der Hand." Danach werden die kurzen Sätze zu einem langen Satz zusammengefasst: „Die Großmutter sitzt am Tisch, hat eine Serviette in der Hand und schaut auf die Schüssel voll Suppe."

Nach diesem Prinzip werden alle langen Sätze zusammengebaut, es sei denn, sie sind so einfach, dass sie gleich richtig gesprochen werden können. Haben die Schüler die Satzinhalte richtig verstanden und gesprochen, erfolgt das Schreiben in die Lückentexte.

f. Arbeitsblätter 241 bis 246

Bei diesen Arbeitsblättern wird es zum Teil recht schwierig, eindeutige Erklärungen für die auf den Bildern dargestellten Begriffe zu finden, da es sich überwiegend um abstrakte Inhalte handelt.

Nur wenige Darstellungen sprechen für sich, wie z.B. das Bild für „Unfall", aber bei vielen Bildern sind unterschiedliche Deutungen möglich. Auch der Einsatz von eindeutigen natürlichen Gebärden ist begrenzt.

Für das Wort „Gefahr" ist es noch möglich: Man legt eine Hand auf eine Wange, reißt den Mund auf und wedelt mit dem nach oben ragenden anderen Arm hin und her. Aber z.B. für „Überraschung" und „Reichtum" fällt mir keine natürliche Gebärde zur Klärung ein, die eine Mehrdeutigkeit ausschließt; da gibt es nur die künstlichen Gebärden der Gehörlosen, die Außenstehende nicht deuten können.

Für die eindeutige Klärung der meisten abstrakten Begriffe sind kleine Geschichten notwendig, die der Kursleiter erzählt; im Idealfall kann auch ein begabter Schüler Hinweise formulieren. Die Schüler haben inzwischen schon so viel von der deutschen Sprache gelernt, dass sie diese kurzen Geschichten verstehen können.

Eine Geschichte zum Themas „Überraschung": „Ein Junge hat bald Geburtstag. Er wünscht sich ein Fahrrad. Aber die Eltern sagen: Ein Fahrrad ist zu teuer. Der Junge glaubt nicht mehr an das Fahrrad. Aber an seinem Geburtstag bekommt er doch ein Fahrrad geschenkt. Das war eine große Überraschung."

Eine Geschichte zum Thema „Behinderung": „Ein Mann kann nicht sehen. Er ist blind. Drei Punkte auf dem Armband zeigen, dass er blind ist. Er hat einen Blindenhund. Der Hund sieht für den Blinden, ob die Straße frei ist. Ein anderer Mann hat nur noch ein Bein. Er hat zwei Krücken für die Arme, damit er noch etwas gehen kann. Eine Frau kann gar nicht mehr gehen. Sie sitzt in einem Rollstuhl. Eine andere Frau schiebt den Rollstuhl. Die drei Leute sind nicht krank, sie sind behindert, sie haben eine Behinderung."

Und eine letzte Geschichte zum Thema „Reichtum": „Eine Frau und ein Mann steigen aus einem Auto. Sie haben ein teures Auto und einen Chauffeur. Sie haben eine Villa an einem See und einen großen Garten. Sie haben viel Geld. Sie sind reich, sie haben einen großen Reichtum."

Der Kursleiter sollte keine Hemmung haben, zur Klärung neuer Begriffe auch Fremdwörter wie „Chauffeur" und „Villa" probeweise zu benutzen. Fremdwörter sind oft international in vielen Sprachen.

Bei den bosnischen Flüchtlingen führte ich früh die Namen der Fachärzte ein, um ihnen dadurch bei Krankheiten eine Hilfestellung zu geben. Beim Wort „Frauenarzt" mussten sie erst nachdenken; aber das Wort „Gynäkologe" war allen Erwachsenen bekannt.

Ich empfehle, sich für das Erlernen abstrakter Begriffe viel Zeit zu nehmen. Für jedes Bild kann man eine kurze Geschichte erzählen, die alle Schüler verstehen. Die neuen Begriffe können eindeutig geklärt werden, und zusätzlich wird die Bildung einfacher Sätze geübt.

Es wäre sehr gut, wenn die Schüler zusätzliche Schreibbögen bekommen, die sie in das Arbeitsheft einlegen. Dort schreiben sie zunächst den Namen des neuen Wortes hin und danach die Erklärung durch eine kurze Geschichte.

Am besten wäre es, die sechs Blätter für alle Schüler zu kopieren, die schwierig zu deutenden Bilder ausschneiden zu lassen und auf die extra Schreibbögen kleben zu lassen. Dahinter könnte dann die erklärende kurze Geschichte geschrieben werden.

Jeder Kursleiter muss anhand der Kenntnisse und dem Alter seiner Schüler selbst entscheiden, wie weit zu jedem Bild erklärende Texte notwendig sind oder nicht. Durch Testfragen sollte er dann später überprüfen, ob die abstrakten Begriffe richtig verstanden wurden. Meine Hinweise sind nur als eine Anregung gedacht.

g. Arbeitsblätter 247 bis 251

Auf dem Situationsbild „Im Lebensmittelladen" sind die Einzeldarstellungen zum Teil etwas dunkel geraten. Die Schüler sollten im Zweifelsfall dann lieber auf das Blatt 247 schauen oder auf das farbige Situationsbild aus der Bildserie. Zurzeit müssen die Arbeitshefte schnell in Druck gehen, damit keine Wartezeiten bei den Nutzern entstehen. Später wird eine bessere Darstellung möglich sein.

Im Übrigen entspricht die Arbeitsweise den Auswertungen der bisherigen Situationsbilder, nur dass hier der Schwerpunkt nicht bei den Personen liegt, sondern in der Vielzahl der unterschiedlichen Lebensmittel.

Die einzelnen Sätze werden herausgefunden, gesprochen und zuletzt in die Lückentexte geschrieben. Der Kursleiter sollte sich vor dem Unterricht die möglichen Sätze auf den Blättern 250 und 251 überlegen, weil diese bei den Aufzählungen von Lebensmitteln etwas unübersichtlich sind.

h. Arbeitsblätter 252 und 253

Auf diesen beiden Blättern wird das Fragewort „wie?" eingeübt. Auf Blatt 252 werden 14 Fragen gestellt. Unter den Fragen ist immer eine Zeile frei für die Antworten. Auf Blatt 253 sind zu jeder Frage gleich mehrere richtige Antworten genannt.

Damit sollen nicht die Antworten erleichtert werden, sondern die Schüler sollen die Vielseitigkeit möglicher Antworten erkennen. Und nachdem die Schüler die Fragen und die vielen Antworten geprüft und verstanden haben, sollten sie versuchen, eine eigene Antwort zu finden, die nicht vorgegeben ist. Diese Antworten sollten sie zunächst auf einen extra Bogen schreiben; erst nach Überprüfung der Richtigkeit werden die Antworten auf die Zwischenzeilen unter den Fragen geschrieben.

Wie alle anderen Fragewörter sollte auch die Frage mit „wie" von nun an in vielen täglichen Varianten mit den folgenden Antworten immer wieder gestellt werden, sei es: „Wie ist das Wetter?" oder: „Wie wollen wir heute arbeiten?" Im ständigen Gebrauch aller Fragewörter mit Antworten sollten diese im Gebrauch der Schüler immer sicherer werden, ohne ein langes Auswendiglernen bestimmter Fragen und Antworten.

i. Arbeitsblätter 254 bis 257

Zunächst schauen wir uns die Blätter 254 und 255 an, die Bilder unterschiedlicher Fahrzeuge zeigen, die bestimmte Funktionen haben. Doch die neuen Begriffe sollen nicht einfach und schnell auswendig gelernt werden. In kurzen Sätzen sollten die unterschiedlichen Aufgaben dieser Fahrzeuge beschrieben werden. Das müsste zuerst im mündlichen Unterricht geklärt werden; später sollten die Kurzberichte auf einem extra Bogen niedergeschrieben werden.

Ein Beispiel: „Ein Geländewagen braucht nicht immer eine Straße, er kann überall fahren, auch über Wiesen und Felder. Sein besonders starker Motor dreht nicht nur zwei Räder, sondern alle vier Räder."

Auf diese Weise können für alle Bilder kurze Beschreibungen gefunden werden, die das Gedächtnis für die neuen Wörter auf Dauer besser stützen als ein stures Auswendiglernen.

Das Gleiche gilt im Prinzip für die Wörter auf den Blättern 256 und 257. Allerdings sind einige Begriffe durch die technische Entwicklung schon überholt, wie „Radiorecorder, Videorecorder und Walkman." Nach einer kurzen Erklärung kann der Kursleiter diese Wörter einfach weglassen. Bei einem Erfolg dieses Deutschkurses werden diese Bilder bei einer Neuauflage herausgenommen und durch andere ersetzt.

Doch bei den anderen Bildern kann die Aufgabe der unterschiedlichen Geräte genauso gut wie bei den Fahrzeugen durch eine kurze Geschichte erklärt und danach auf einen Extrabogen niedergeschrieben werden.

j. Arbeitsblätter 258 bis 262

Auf Blatt 258 werden wieder viele Lebensmittel gezeigt, nur diesmal nicht im Laden, sondern auf dem Markt. Die Bildung der Sätze habe ich schon oft beschrieben. Neu ist lediglich, dass bei den Einzelbildern D und E gleich mehrere Teile zusammengefasst wurden, was die Aufgabe etwas schwerer macht. Der Kursleiter sollte sich vor dem Unterricht alles genau anschauen, damit er den Schülern beim Schreiben der Sätze notfalls schnell helfen kann.

k. Arbeitsblätter 263 und 264

Auf diesen Blättern werden Bilder von Küchengeräten gezeigt, die klar für sich sprechen, meist ohne Erklärungen zu benötigen. Der Kursleiter kann aus diesen Bildern Sätze gestalten lassen, muss es aber nicht.

Eine kurze Erklärung von „Milchkanne, Kessel, Kuchenform und Reibe" wäre vielleicht angebracht, da z.B. Milchkannen in Privathaushalten kaum mehr benutzt werden, da Milch ja nur noch fertig verpackt verkauft wird.

l. Farbbilder für Arbeitsheft 6

Zum Abschluss der Arbeitsanleitung für Arbeitsheft 6 notiere ich die Nummern der für dieses Arbeitsheft nötigen Farbbilder aus der „Hamburger Bildserie zur Sprachförderung", entsprechend den Abkürzungen BS..... (Bildserie) für die Seiten der Bildbögen in der Bildserie, und SK..... (Sprachkurs) für die Arbeitsblätter, für die die Bildbögen gedacht sind. Dies erfolgt in der Reihenfolge, in der die Farbbilder für den Sprachkurs nötig sind.

BS 42, SK 221-222   BS 11, SK 223-224
BS 19, SK 225   BS 43, SK 226-227
BS 71, SK 230   BS 74, SK 232
BS 103, SK 236   BS 54, SK 241-242
BS 146, SK 243-244   BS 147, SK 245-246
BS 107, SK 247   BS 144, SK 254-255

BS 145, SK 256-257   BS 114, SK 258
BS 10, SK 263-264

Arbeitsheft 7

a. Arbeitsblätter 265 und 266

Für dieses Arbeitsheft 7 brauche ich nicht so viele Beschreibungen der Aufgaben, weil sich diese in der Arbeitsweise nicht viel von früheren Aufgaben unterscheiden. Es werden viele weitere Vokabeln eingeübt, und in neuen Situationsbögen werden neue Sätze gebildet, gesprochen und geschrieben.

Es ist zu empfehlen, dass der Kursleiter zum Verständnis der neuen Wörter Sätze spricht oder dass er, noch besser, von seinen Schülern Sätze sprechen lässt, in denen die Funktion der neuen Begriffe deutlich wird, aber ob seine Schüler diese Sätze extra schreiben sollten oder nicht, muss der Kursleiter je nach dem Wortverständnis seiner Schüler selbst entscheiden.

Dieses Verständnis konnte ich bei den bosnischen Flüchtlingen durch eine kurze, lustige Geschichte überprüfen. Zu dem Wort „Kissen" auf Blatt 265 erzähle ich diese Kurzgeschichte, und aus dem lauten Gelächter der Zuhörer erfuhr ich, dass sie alles gut verstanden hatten.

Auch für Sie als Kursleiter wäre es interessant zu erfahren, ob ihre Schüler nach dieser Geschichte lachen können oder nur verständnislos in die Luft schauen. Darum erzähle ich die Geschichte jetzt:

„Ein junger Mann, ein Ausländer mit wenig Deutschkenntnissen, geht in einer deutschen Stadt spazieren. Bei einem Textilgeschäft sieht er im Schaufenster viele schöne Kissen. Davon möchte er eines kaufen. Er schaut in sein Wörterbuch und findet auch das Wort „Kissen".

Froh geht er in das Geschäft und will das richtige Wort sagen; aber er spricht es falsch aus, er sagt zu der jungen Verkäuferin: „Bitte Küssen!" Die Verkäuferin lacht und sagt: „Nein, nix küssen, hau ab!"

Aber der junge Mann geht nicht; denn er hat die Kissen ja im Schaufenster gesehen. Darum sagt er immer wieder: „Bitte, bitte Küssen!" Aber die Verkäuferin antwortet stets: „Nein, nix küssen, geh fort!"

Weil der Mann nicht weggeht, sagt sich die Verkäuferin endlich: „Der junge Mann sieht ja ganz gut aus, und ein Kuss ist ja nichts Schlimmes, vielleicht geht der Mann dann fort." Sie geht auf ihn zu und will ihn in die Arme nehmen und küssen.

Aber der junge Mann weicht ganz erschrocken zurück und sagt: „Nein, nein, bitte nicht hier Küssen!", und dabei zeigt er auf seinen Mund und dann sagt er: „Bitte, bitte da Küssen!" und zeigt auf seinen Popo."

b. Arbeitsblätter 267 und 268

Auf diesen Blättern folgt eine Grammatikübung mit vielen bisher gelernten Fragewörtern. Die Schwierigkeit besteht wieder darin, dass die richtigen Antworten vermischt sind und den Fragen zugeordnet werden müssen. Nach dem Sprechen der Fragen und der richtigen Antworten werden diese zuletzt unter die entsprechenden Fragen niedergeschrieben.

Je nach Leistungsstand seiner Schüler kann der Kursleiter anregen, dass die Schüler individuelle Antworten geben, die sie dann nach einer Prüfung unter die Fragen schreiben.

c. Arbeitsblätter 269 bis 272

Auf diesen Blättern werden Bilder von Gegenständen gezeigt, die überwiegend eine Werkzeugfunktion haben. Darum sollten zu diesen Wörtern entsprechende Sätze gesprochen und möglichst auf ein neues Blatt Papier niedergeschrieben werden.

Ein Beispiel: „Der Draht ist aus Eisen und um ein Stück Holz gewickelt. Der Zaun ist aus vielen Drähten. Über dem Zaun ist ein Stacheldraht festgemacht. Dieser Draht hat viele Stacheln, die wehtun können, damit keiner über den Zaun klettert.

Ein weiteres Beispiel: „Auf dem Bild sind verschiedene Rohre. Ein Rohr ist unter dem Waschbecken. Es ist ein Abflussrohr; das schmutzige Wasser fließt darin fort. Das dicke Rohr ist eine Regenrinne draußen am Haus. Das Regenwasser fließt vom Dach durch die Regenrinne in einen Graben. Die dünnen Rohre sind Heizungsrohre. Oben fließt das heiße Wasser in den Heizkörper. Unten fließt das kalte Wasser aus dem Heizkörper in die Heizung zurück."

Diese beiden Beispiele zeigen die vom Bild her schwierigsten Beschreibungen. Darin befinden sich viele neue Begriffe. Die sollen nicht auswendig gelernt werden, sollten aber in ihrer Funktion erklärt werden, damit die Schüler den Zusammenhang verstehen. Notfalls könnte eine schematische Zeichnung an einer Tafel das Verständnis noch erleichtern.

d. Arbeitsblätter 273 bis 277

Im Längsschnitt eines Hauses sind viele Zimmer und Nebenräume zu erkennen, die auf den Blättern 274 und 275 einzeln gezeigt werden. Die Beschriftung der Räume ist zum Teil recht klein geworden. Als Beispiel für die Satzbildung bringe ich das Bild vom Badezimmer:

„Im Badezimmer sind eine Badewanne, ein Waschbecken, eine Dusche, ein Spiegel und ein Badeofen. Ein Kind steht in der Badewanne unter der Dusche."

In dieser Art können alle Sätze gebildet werden. Aber vielleicht sind einige Schüler schon in der Lage, aus den angegebenen Wörtern ganz andere Sätze zu bilden, z.B. mehrere kurze Sätze anstatt zweier langer Sätze vom Badezimmer. Dann sollte zum Schreiben dieser eigenen Sätze ein anderer Bogen genommen werden.

e. Arbeitsblätter 278 bis 281

Die vier Bögen zeigen fast ausschließlich Gegenstände, die eine Werkzeugfunktion haben. Die Schüler könnten die 24 Begriffe relativ schnell auswendig lernen. Doch das ist nicht der Sinn dieser Darstellungen.

Nicht in einer, sondern in mehreren Lektionen sollen Sätze gebildet werden, die diese Werkzeugfunktion beschreiben. Bei manchen Bildern können die Schüler vielleicht selber einen einfachen Satz bilden, z.B. „Mit der Säge sägt man Holz." „Mit der Nähmaschine näht man Kleidung."

Bei allen gezeigten Gegenständen sollte der Kursleiter zuerst die Schüler auffordern, selbst Sätze zu finden. Nur wenn diese falsch oder unvollständig sind, sollten diese verbessert werden.

Beispiele für etwas schwierigere Sätze: „Mit dem Flaschenöffner kann man Flaschen öffnen, die einen Kronenkorken haben." Was ein Kronenkorken ist, zeigt das Bild. Dieses Wort soll nicht auswendig gelernt werden; es soll nur zeigen, dass der Flaschenöffner nicht alle Flaschen öffnen kann. Es geht immer um das richtige Verständnis.

Weitere Beispiele: „Auf dem Thermometer kann man sehen, wie warm oder wie kalt es ist." „Mit dem dünnen Pinsel kann man ein Bild malen. Mit dem dicken Pinsel kann man die Wand anmalen."

Um Platz zu sparen, habe ich nicht immer vorgefertigte Satzstrukturen beigefügt. Doch es wäre ratsam, wenn der Kursleiter die erarbeiteten Sätze jeweils einer Unterrichtseinheit an die Tafel schreibt, und die Schüler schreiben sie auf einen Extrabogen.

f. Arbeitsblätter 282 bis 183

Auf den nächsten beiden Bögen werden wieder Fragewörter geübt. Fragewörter sind sehr wichtig, wenn man einen Sachzusammenhang verstehen will.

Da die Fragen etwas schwierig sind, werden den Schülern die Antworten gleich mitgeliefert. Bei den zahlreichen Antworten sollen die Schüler erkennen, wie viele unterschiedliche Möglichkeiten es an Antworten gibt. Wenn alle diese Antworten gesprochen und eventuell fremden Wörter erklärt worden sind, können die Schüler die Spielräume der Antwortmöglichkeiten erkennen.

Danach sollte der Kursleiter die Schüler auffordern, zu den Fragen eigene Antworten zu finden. Diese werden an die Tafel geschrieben. Wenn möglich, schreiben die Schüler vor allem die selbst gefundenen Antworten neben oder unter die Fragen.

g. Arbeitsblätter 284 bis 288

Aufgaben dieser Art hat es schon oft gegeben. Darum begnüge ich mich mit zwei Beispielen, die aus den angegebenen Wörtern herausgearbeitet werden sollen: „Das Moped hat ein Vorderrad und ein Hinterrad und einen Sattel. Der Mopedfahrer trägt einen Schutzhelm und eine Schutzbrille." „Der Junge fällt auf den Fußweg. Die Flasche mit Milch ist kaputt."

Die vielen neuen Wörter, z.b. beim Autobus, sollen nicht auswendig gelernt, sondern nur zum Verständnis erklärt werden. Manche Wörter werden bei den Schülern von selbst im Gedächtnis bleiben, andere Wörter lernen sie erst, wenn sie in einem anderen Zusammenhang wieder auftreten, so wie ein Kind seine Sprache ohne Pauken allmählich von selber lernt.

Nach dem gemeinsamen Sprechen der richtigen Sätze werden diese in die Lückentexte geschrieben.

h. Arbeitsblätter 289 bis 292

Die Arbeit mit den folgenden 24 Bildern habe ich im Kapitel e bereits genau besprochen. Wiederum stehen nicht die Wörter, sondern die daraus zu bildenden Sätze im Mittelpunkt, und erneut ist es eine Aufgabe für mehrere Übungsstunden, es sei denn, die Schüler kommen sehr schnell voran.

Zuerst versuchen die Schüler, einfache Sätze herauszufinden, z.B.: „Mit dem Lichtschalter macht man das Licht an." Schwierige Sätze sind z.B.: „Mit dem Mikrofon kann man das Sprechen viel lauter machen."

Zum Schluss der Übung schreiben die Schüler die bisher erarbeiteten Sätze auf einen extra Bogen.

i. Arbeitsblätter 293 bis 294

Diese Bögen bringen eine Wiederholung der Fragewörter aus dem Kapitel f. Doch diesmal ist es wesentlich schwerer; denn nur eine Antwort ist richtig, die aus den vermischten Sätzen gefunden werden muss. Diese spannende Aufgabe sollte der Kursleiter den Schülern überlassen und nur deren Vorschläge kommentieren.

Die Antwort mit dem Finanzamt ist ursprünglich für Erwachsenen gedacht, der Kursleiter kann eine andere Antwort finden.

Zum Schluss werden die richtigen Antworten unter die entsprechenden Fragen geschrieben.

j. Arbeitsblätter 295 bis 298

Die auf diesen Bögen dargestellten Lebensmittel werden fremdsprachigen Schülern nicht alle bekannt sein. Damit das Erlernen dieser Wörter sinnvoll werden kann, wäre es schön, wenn der Kursleiter die entsprechenden Früchte und andere gezeigten Lebensmittel in Proben mit zum Unterricht bringt.

Dort könnte der Kursleiter die Schüler die Proben schmecken und danach gleich kommentieren lassen: „Der Pfirsich ist süß und schmeckt gut. Die Grapefruit ist sauer und braucht etwas Zucker."

Bei dem Gemüse könnte erklärt werden, wie man sie kocht und zubereitet, und gleicherweise könnten daraus Sätze entstehen, die der Kursleiter gleich an die Tafel schreibt.

Solche genaue Erklärungen benötigen viel Zeit; der Kursleiter muss vorher überlegen, wie viel Obst und Gemüse er zuerst mitbringen muss; denn wenn alle Proben probiert und genau erklärt werden sollen, sind sicher mindestens zwei Übungseinheiten notwendig.

Zum Schluss werden die erarbeiteten Sätze auf extra Bögen von der Tafel abgeschrieben.

k. Arbeitsblätter 295 bis 303

Die meisten bisherigen Situationsbögen zeigten Situationen aus dem Alltag der Schüler. Auf diesem Bogen „Haus- und Straßenbau" wird es für die Schüler viele unbekannte Wörter und Situationen geben, die genau geklärt werden müssen, damit alles gut verstanden werden kann.

Dazu sind auf den Bögen 300 und 301 die einzelnen Situationen extra dargestellt, um daraus die Lückentexte mit Sätzen auszufüllen.

Es muss vom Kursleiter alles erklärt werden, damit alle gezeigten Tätigkeiten verstanden werden. Doch die neuen Begriffe müssen nicht auswendig gelernt werden. Entscheidend ist wie immer, dass die Schüler durch ständige Wiederholungen von unterschiedlichen Satzformen allmählich immer sicherer werden, selbst kompliziertere Sätze richtig zu bilden.

l. Arbeitsblätter 304 bis 307

Auf den Bögen 304 und 305 werden bekannte Personen in ihren sozialen Bezügen dargestellt. Aus „Mann" und „Frau" werden in etwas vornehmerer Darstellung „Herr" und „Dame".

„Onkel" und „Tante" kommen zu Besuch und bringen den Kindern ein Geschenk. Dabei muss den Schülern aber klargemacht werden, dass nicht alle Besucher Onkel und Tante sind.

Der Kursleiter kann in einer Art Ahnenstammbaum an der Tafel aufzeigen, dass Onkel und Tante ja Bruder und Schwester von Vater oder Mutter sind, wie auch die beiden Kinder Bruder und Schwester sind. Diese neuen Bezeichnungen sollten die Schüler verstehen und lernen.

In gleicher Weise kann am Stammbaum gezeigt werden, dass die Kinder Sohn und Tochter der Eltern sind, wie ja auch schon auf den Bildern zu erkennen ist.

Auf den Bögen 306 und 307 werden Märchenfiguren dargestellt. Jedoch nur „Riese" und „Zwerg" sind auf den Bildern in ihrer Bedeutung klar zu erkennen. Die anderen Bilder müssen erklärt werden.

„Engel" und „Teufel" können als gute und böse Gestalten noch leicht erklärt werden. Auch der „Räuber" kann in einem kurzen Spiel erkannt werden, wenn ein Schüler einen Gegenstand in Händen hält, der ihm von einem anderen Schüler mit Gewalt weggenommen wird.

Die „Hexe" dagegen könnte einfach eine alte Frau sein. Es muss klar werden, dass sie böse ist und zaubern kann und den Menschen Böses wünscht, dass es sie aber in Wirklichkeit gar nicht gibt, genauso wie Riesen und Zwerge.

Der „König" ist an seiner Krone zu erkennen. Älteren Schülern kann man klarmachen, dass Könige an der Spitze eines Volkes stehen können, wie es ja in einigen europäischen Staaten noch heute ist.

Das Arbeitsblatt 308 wird in der Anleitung des Arbeitsheftes 8 beschrieben. Da alle Arbeitshefte genau 44 Arbeitsbögen enthalten, kann es zu Überschneidungen kommen.

m. Farbbilder für Arbeitsheft 7

Zum Abschluss der Arbeitsanleitung für Arbeitsheft 7 notiere ich die Nummern der für dieses Arbeitsheft nötigen Farbbilder aus der „Hamburger Bildserie zur Sprachförderung", entsprechend den Abkürzungen BS.... (Bildserie) für die Seiten der Bildbögen in der Bildserie, und SK..... (Sprachkurs) für die Arbeitsblätter, für die die Bildbögen gedacht sind. Dies erfolgt in der Reihenfolge, in der die Farbbilder für den Sprachkurs nötig sind.

BS 13, SK 265-266	BS 15, SK 269-270
BS 16, SK 271-272	BS 104, SK 273
BS 17, SK 278-279	BS 18, SK 280-281
BS 20, SK 289-290	BS 22, SK 291-292
BS 30, SK 295-296	BS 32. SK 297-298
BS 129, SK 299	BS 5, SK 304-305
BS 6, SK 306-307	BS 102, SK 308

Arbeitsheft 8

a. Arbeitsblätter 308 bis 312

Allmählich werden die Aufgaben schwerer. Das Bild „Am Abend im Schlafzimmer" enthält eine Fülle alter und neuer Begriffe, die in Sätzen zusammengefasst werden sollen, und die zwei Bögen voll ausfüllen.

Die Arbeitsweise ist in vielen ähnlichen Darstellungen schon beschrieben worden. Der Kursleiter sollte sich aber vor der Unterrichtsstunde auf den Bögen 311 bis 312 die vorgeplanten Sätze genau ansehen, da sonst bei der Fülle von Wörtern in der Übungsstunde längere Pausen entstehen könnten.

Als Beispiel nenne ich die Sätze, die unter A gebildet werden sollen, dem größten Abschnitt für Satzbildungen:

„Die Gardine hängt am Gardinenbrett. Am Himmel stehen viele Sterne und der Mond. Auf der Fensterbank steht ein Blumentopf. Die Gardine ist zu. Das Fenster ist zu. Der Himmel ist dunkel. Der Mond und die Sterne sind hell."

b. Arbeitsblätter 313 bis 316

Wie schon oft beschrieben, sollen die dargestellten Lebensmittel, Genussmittel und Medikamente nicht nur gelernt, sondern in Sätzen gesprochen werden. In diesem Arbeitsheft 8 werden die Schüler meist in der Lage sein, selbst passende Sätze zu bilden. Nach evtl. Korrekturen durch den Kursleiter sollten die Sätze auf extra Bögen niedergeschrieben werden.

Dabei können auch mehrere Bilder in einem Satz zusammengefasst werden: „Die Pflaume, die Erdbeere und die Himbeere sind süß." „Der Zucker und der Honig machen süß." Natürlich dürfen auch ganz andere Sätze gebildet werden.

Da in den Arbeitsheften die Farben fehlen, sollte der Kursleiter die entsprechenden Farbbilder aus der Hamburger Bildserie zeigen, oder zur Klarstellung einige Früchte mitbringen, sonst wird die Himbeere mit der Brombeere verwechselt.

Auch für das Wort „Mehl" sollte der Kursleiter am besten ein Paket Mehl mitbringen, da ja auch etwas anderes in die Schüssel geschüttet werden könnte. Auf jeden Fall muss deutlich gemacht werden, was mit dem Bild gemeint ist.

Bei den Getränken könnte der Kursleiter durch Gebärden klarmachen, dass Wein und Bier langsam getrunken werden, während der Schnaps aus dem kleinen Glas meistens auf einmal in den Mund gekippt wird.

Für die Medikamente kann der Kursleiter bei dem Satz: „Die Medizin ist gegen Krankheiten" die Krankheit demonstrieren, indem er die eine Hand auf den Bauch und die andere an die Stirn legt und ein gequältes Gesicht macht. Die Spritze kann man demonstrieren, indem man eine imaginäre Spritze in der Hand hält, sie zum Oberarm führt und mit dem Daumen nach unten drückt.-

c. Arbeitsblätter 317 bis 321

Das Bild: „Am Morgen im Schlafzimmer" ist im Wesentlichen eine Wiederholung des Bildes: „Am Abend im Schlafzimmer". Nur die zwei Personen machen etwas anderes, und das Fenster hat sich verändert. Im Übrigen sprechen und schreiben die Schüler dieselben Sätze wie auf dem Bild vom Abend.

Als Beispiel für die Satzbildungen bringe ich wieder A am Fenster: „Die Gardine und das Fenster sind auf (offen). Auf der Fensterband steht ein Blumentopf. Am Himmel steht die Sonne. Der Mann steht am Fenster und schaut die Sonne an."

d. Arbeitsblätter 322 bis 325

Bei diesen Bildern von Verkehrswegen, Spielplätzen und Naturerscheinungen gilt das Gleiche wie zuvor: Die Bilder müssen gelernt und in Sätzen gesprochen werden, und am besten werden die gesprochenen Sätze nach einer Korrektur an die Tafel und dann auf einen extra Bogen geschrieben.

Bei einigen Bildern ist eine Klarstellung nötig. Günstig wäre dazu, wenn die entsprechenden Farbbilder aus der Bildserie gezeigt werden könnten.

Die „Ecke" könnte auch einfach als ein Haus gesehen werden. Der Kursleiter sollte an mehreren Gegenständen im Raum zeigen, wo Ecken sind, auch Zimmerecken, die nur von innen gesehen werden können. Das Haus auf dem Bild wäre dann ein „Eckhaus".

Vielleicht kennen einige Schüler noch keinen Zirkus. In der farbigen

Hamburger Bildserie ist auf Bogen 123 das Innere von einem Zirkus dargestellt. Ansonsten wird der Kursleiter auch ähnliche Bilder in Büchern zur Klarstellung finden.

Der „Himmel" wird den Schülern schon bekannt sein. Als Gebärde zeigt man mit einem ausgestreckten Arm das Himmelsgewölbe in einem Halbkreis nach oben.

Die Größe des Meeres kann man veranschaulichen, indem man mit den gespreizten Fingern in schnellen Auf- und Abbewegungen die Wellen zeigt. Dazu führt man beide Hände mit dem Handrücken nach oben vor dem Körper erst zusammen und dann auseinander. Dasselbe wiederholt man mehrfach, indem die Hände immer weiter nach vorne gestreckt werden und dann die Wellen nach außen zeigen.

Bei dem Bild „Eis" muss man klarstellen, dass nicht die Schlittschuhe gemeint sind, sondern das Eis darunter mit dem Loch. Bei dem Bild „Pfütze" könnte man ohne Farbe auch meinen, dass dort ein Bärenfell liege. Ein Hinweis auf etwas Wasser nach einem Regen wird die Klärung bringen. Für „Regen" führt man beide Hände nach oben, zieht sie dann nach unten und deutet mit schnellen Fingerbewegungen die Regentropfen an.

e. Arbeitsblätter 326 bis 330

Die Erarbeitung der Sätze vom Bogen „Im Garten" erfolgt in gleicher Weise wie schon oft beschrieben. Zur Erleichterung der schriftlichen Arbeit schreibe ich die Sätze des längsten Absatzes unter dem Buchstaben H:

„Der Baum hat einen Stamm, viele Zweige und sehr viele Blätter. Auf dem Baum sitzt ein Vogel. Im Baum ist ein Nest mit einem Ei. Hinter dem Baum stehen viele Blumen. Unter dem Baum wächst Gras."

f. Arbeitsblätter 331 bis 334

Die auf Bogen 331 gezeigten Blumen und der Blumenstrauß sind im Schwarz-weiß-Druck leider schlecht zu unterscheiden. Ich hätte gern alle Bilder in den Arbeitsheften farbig drucken lassen; aber dann wären die Arbeitshefte viel zu teuer geworden.

Klarheit bringen die farbigen Bilder aus der Bildserie. Ansonsten sollte der Kursleiter je eine der Blumen zur Anschauung mit zum Unterricht bringen. Die Pflanzenteile dagegen sollten auch ohne Farbe deutlich genug sein.

Auch bei den folgenden Tierbildern ist bei fünf Tieren das braune Fell nur schwarz dargestellt. Auch hier wäre es schön, wenn der Kursleiter ohne Bildserie ein paar Bilder dieser Tiere zur Anschauung mitbringt.

Bei der Satzbildung sollten die Schüler die speziellen Eigenschaften der Tiere beschreiben, z.B.: „Die Giraffe hat einen sehr langen Hals. Das Zebra ist schwarz-weiß gestreift. Der Tiger lebt in Asien und frisst andere Tiere."

Wenn alle typischen Sätze besprochen sind und an der Tafel stehen, wäre es wiederum ratsam, wenn die Sätze auf einen extra Bogen niedergeschrieben werden.

g. Arbeitsblätter 335 bis 339

Bei den Bögen zum Thema „Im Bäckerladen" entspricht die Arbeitsweise den bisherigen Situationsbögen. Zur Veranschaulichung schreibe ich die Sätze in den Abschnitten C und D:

C. Die Frau steht vor dem Ladentisch und zeigt auf den Kuchen. Die Verkäuferin steht hinter der Ladentisch und legt das Brot auf den Tisch."

D. „Frau verliert die Brötchen aus der Tüte. Die Brötchen fallen auf den Fußboden. Das Mädchen hebt die Brötchen auf."

h. Arbeitsblätter 340 bis 343

Auf diesen Arbeitsbögen werden wieder viele meist wilde Tiere gezeigt. Erneut sollen die Schüler Sätze bilden und nach einer Kontrolle aufschreiben, die die speziellen Eigenschaften der Tiere hervorheben, z.B.:

„Der Eisbär lebt auf dem Eis im hohen Norden der Erde. Der Seehund schwimmt meistens im Wasser und fängt Fische. Zum Ausruhen legt er sich auf eine Sandbank. Der Pinguin ist ein Vogel, der im Wasser und auf dem Eis ganz im Süden der Erde lebt."

i. Arbeitsblätter 344 bis 348

Bei den Bögen zum Thema „Im Schlachterladen ist die Arbeitsweise wie bei den bisherigen Situationsbögen. Als Beispiel für die Satzbildungen wähle ich den umfangreichen Abschnitt C.:

„Die Kassiererin sitzt an der Kasse und nimmt das Geld. Die Frau steht vor der Kasse und bezahlt. Vor der Kasse steht ein Regal mit Gewürzen. Das Mädchen trägt einen Korb mit einer Wurst."

j. Arbeitsblätter 349 bis 350

Auf dem Bogen 349 müsste den Schülern verdeutlicht werden, dass die Ratte keine große Maus ist. Das frühere Bild von der Maus kann Klarheit schaffen.

Einige Beispiele für Satzbildungen: „Die Spinne sitzt auf ihrem Spinnennetz und wartet, dass eine Fliege auf dem Netz festklebt. Die wird dann von der Spinne ausgesaugt. Die Mücke sitzt auf dem Arm. Sie sticht ein kleines Loch in den Arm und saugt Blut aus dem Arm." Um „saugen" deutlich zu machen, bringt der Kursleiter einen Strohhalm mit und zeigt, wie er aus einem Glas ein Getränk aufsaugt.

Beispiele für die Bilder mit Tierteilen: „Menschen haben einen Mund und essen. Tiere haben ein Maul und fressen. Das Euter ist wie eine Brust bei der Frau, aber ganz hinten bei der Kuh. Das Kalb saugt an einer der Zitzen die Milch aus dem Euter. An den Zitzen kann man die Kuh auch melken, damit man die Milch bekommt."

k. Arbeitsblätter 351 bis 352

Beispiele für die Sätze mit den Eigenschaften: A. „Der Junge und das Mädchen laufen zum Tisch voll Essen und sind hungrig." B. „Der Junge und das Mädchen sitzen am Tisch. Die Teller sind leer. Der Junge und das Mädchen sind satt."

l. Farbbilder für Arbeitsheft 8

Zum Abschluss der Arbeitsanleitungen für Arbeitsheft 8 notiere ich die Nummern der für dieses Arbeitsheft nötigen Farbbilder aus der „Hamburger Bildserie zur Sprachförderung", entsprechend den Abkürzungen BS.... (Bildserie) und SK... (Sprachkurs) für die Arbeitsblätter, für die die Bildbögen gedacht sind. Dies erfolgt in der Reihenfolge, in der die Farbbilder für den Sprachkurs nötig sind.

BS 33, SK 313-314	BS 35, SK 315-316
BS 101, SK 317	BS 41, SK 322-323
BS 44, SK 324-325	BS 105, SK 326
BS 46, SK 331-332	BS 48, SK 333-334
BS 108, SK 335	BS 49, SK 340-341
BS 51, SK 342-343	BS 109, SK 344
BS 52, SK 349-350	BS 83+84, SK 531

Die Weiterführung des Deutschkurses

Wenn dieser Deutschkurs ein Erfolg wird, gibt es eine Ergänzung um weitere vier Arbeitshefte. Material ist noch genug vorhanden.

Der künftige Deutschkurs wird für die Schüler etwas schwieriger werden. Er stützt sich auf zwei Bereiche, zum einen auf viele Situationsbilder aus der „Hamburger Bildserie".

Diese neuen Situationsbilder werden aber nicht mehr wie bisher in Einzelbilder aufgeteilt, und es gibt auch keine vorgefertigten Satzstrukturen als Hilfe für die Satzbildung. Die Schüler sollten bis dahin gelernt haben, die neuen Sätze selber zu gestalten, auch mit den richtigen Deklinationen und den richtigen Verhältniswörtern.

Stattdessen gibt es als Hilfen nur noch ein Wörterverzeichnis, in dem die Schüler nachschauen können, wenn ihnen die Vokabeln fehlen.

Das zweite Standbein für die vier neuen Arbeitshefte werden Darstellungen von vielen Tätigkeiten sein. Doch diese Tätigkeiten werden nicht mehr isoliert stehen wie in den bisherigen Arbeitsheften.

Es werden Folgen von Tätigkeiten dargestellt, die einen Zusammenhang haben, in Form von Bildgeschichten. So wird z.b. eine einfache Folge von alltäglichen Tätigkeiten gezeigt: Ein Junge wacht im Bett auf, steht auf, wäscht sich, putzt sich die Zähne und zieht sich an.

Spätere Satzfolgen werden schwieriger sein, z.b. im Berufsleben, im Büro oder der Einsatz der Feuerwehr.

Als Hilfe werden die vielen neuen Begriffe mit Pfeilen gekennzeichnet und schriftlich gezeigt. Bei diesen ganz neuen Aufgaben werden noch Satzstrukturen vorgegeben.

Der Kursleiter muss entscheiden, ob seine Schüler diese Satzstrukturen noch brauchen, oder ob sie schon in der Lage sein werden, die Sätze selber zu gestalten.

Für diese neuen Aufgaben, die in ihrer Systematik sehr ähnlich sein werden, braucht es keine ausführlichen Erklärungen. Deshalb werden die Anleitungen für diese neuen Aufgaben sehr kurz sein und sich auf besondere Schwierigkeiten beschränken.

Als Wiederholung zur Festigung der ca. 1000 gelernten Wörter aus der „Hamburger Bildserie" werden diese Begriffe in zwei zusätzlichen Arbeitsheften noch einmal gezeigt, aber in einer ganz neuen Form.

Als Ende der siebziger Jahre des vorigen Jahrhunderts meine Bildserie ein voller Erfolg geworden war und im ganzen Behindertenwesen Westdeutschlands verbreitet war, bekamen auch polnische Behindertenlehrer meine Bildserie zu sehen.

Sie fragten nach dem damaligen Preis der Bildserie und stellten für ganz Polen eine Großbestellung von einigen tausend Exemplaren in Aussicht.

Ein sehr reicher Bürger aus den USA mit polnischen Wurzeln wollte für sein früheres Heimatland ein gutes Werk tun und stellte eine hohe Summe für den Ankauf der Exemplare meiner Bildserie zur Verfügung.

Mein damaliger Verleger freute sich schon auf diesen großen Auftrag. Doch die Polen stellten bei einer finanziellen Überprüfung fest, dass es bei den geringen Löhnen in Polen lukrativer war, die ganze Bildserie von polnischen Grafikern neu zu zeichnen. Und so entstand meine Bildserie ein zweites Mal, nur in etwas anders gestalteten Einzelbildern.

Natürlich war dies ein illegales Plagiat; denn niemand hatte meinen Verleger oder mich um Erlaubnis gefragt. Aber letztendlich freute ich mich für die vielen sprachbehinderten Kinder in Polen, dass sie so eine Hilfe bekamen.

Aber immerhin schickte mir der polnische Verlag ein Exemplar meiner neu gezeichneten Bildserie, die in ihrer Bildstruktur eine ziemlich genaue Nachahmung war. Und in dem Vorwort war in polnischer Sprache sogar mein Name als ursprünglicher Autor genannt.

Jahrzehntelang lag dieses eine Exemplar unbenutzt im Keller meines Hauses. Doch nun will ich es aktivieren.

Die Schüler, die diesen Deutschkurs absolvieren, haben die Bilder meiner Bildserie als Gedächtnisstütze im Kopf. Als Wiederholung des gesamten gelernten Wortschatzes werden jetzt ganz andere Bilder gezeigt. Und wenn die Schüler dennoch die richtigen Namen für diese neuen Bilder finden, so haben sie die Wörter auch fest gelernt.

Bei manchen Darstellungen könnten auch Zweifel entstehen, welches Wort wohl gemeint sein könnte. Deshalb werde ich als Sicherheit für den Kursleiter am Ende dieser neuen Arbeitshefte eine genaue Wortliste aller Begriffe erstellen.

Ich hoffe, dass diese Pläne verwirklicht werden können und wünsche gegebenenfalls allen Kursleitern und Schülern einen guten Erfolg in der Arbeit.